ULTRAMAN
55th
Anniversary

総天然色
ウルトラ
Q

［キャラクター大全 縮刷版］

CONTENTS

※本書は『総天然色ウルトラQ』の意義に鑑み、怪獣などの紹介には極力カラー素材を使用しておりますが、完成映像のみでは確認しえないフォルムなどを紹介するため、一部でノクロスチールも使用しております。
※本書の登場人物の役名、セリフなどの一部に、現在では不適切と思われる箇所がありますが、制作者の意図と歴史的意義に鑑み、完成映像、脚本、資料に準じた表記をしております。

ウルトラQ

『ウルトラQ』が世に放たれるまで

現在も続く「ウルトラシリーズ」の礎となった『ウルトラQ』。テレビが黎明期を脱しようとしていた時期に企画・制作された、まさにテレビ界初期の金字塔ともいえる大ヒット番組である。だが、その誕生の背景には、まさに生みの苦しみともいえる紆余曲折があった。『ウルトラQ』を理解するために、まずは、その流れをみよう。

『UNBALANCE』から『ウルトラQ』へ

東宝を中心に、特技監督として多くの作品を世に送り出した円谷英二が、特殊技術の研究のために自宅に私的な円谷研究所を設立したのは、1948年のことだった。そして1956年の円谷特技研究所への名称変更をへて1963年4月12日、テレビ界進出を意図した東宝のバックアップにより、研究所は円谷を社長とする正式な会社組織、株式会社円谷特技プロダクションとして番組制作にのりだすことになる。この特技プロに最初にSFテレビシリーズの企画を持ち

『ウルトラQ』の特撮と本編（ドラマ部分）の多くは、東京・世田谷区大蔵にあった東京美術センター（美セン）で撮影された。写真は「鳥を見た」の特撮セットで、特撮シーンの一部を円谷英二がメガホンをとっているという。

かけたのはフジテレビで、1962年の春ごろに打診があり、1963年になるとフジテレビ、特技プロに、発足したての日本SF作家クラブの面々も加えての企画会議が続けられたという。それで生まれた企画が、『WoO』である。

『WoO』の最初の企画書がフジテレビに提出されたのは1963年の4月だが、6月になるとTBSも特撮を用いたテレビ映画の企画を打診してきた。特技プロは、その創成期においてはやくも2本のテレビシリーズの企画を抱えることになったのだ。TBSに向けて練られた企画は『UNBALANCE』。『WoO』よりもミステリー色が強く、アメリカのドラマ『TWILIGHTZONE』からのインスパイアが感じられるものであった。

1964年初め、円谷英二はニューヨークのオックスベリー社を訪れている。目的は、前年公開の東宝映画『マタンゴ』にて初使用した光学合成機、オプチカルプリンター1900シリーズの購入であった。円谷は特技プロの作品には、ぜひこれが必要だと判断したのだ。

だが、当時でも4000万円といわれる高価な機材費の支払いについて、円谷英二は『WoO』と『UNBALANCE』の制作を本格化させることで資金を得ようと考えていたのだが、フジテレビとの『WoO』の契約調印が合意に至らず、資金のめどがたたなくなってしまった。この危急の事態を知り、当時TBSのディレクターであった円谷英二の長男、円谷一が会社との折衝に乗り出した。この折衝が実り、オプチカルプリンターはTBSが肩代わりして購入する方針が固まった。このことで、TBS側にもオプチカルプリンターを積極的に活用しなくてはならない事情が生まれ、『UNBALANCE』の企画にゴーが出される。同年3月、東宝の旧衣装倉庫とその敷地が特技プロの敷地として貸与され、特技プロは会社組織の体制を固めた。

円谷空想科学映画劇場
その前段……WoO〔ウー〕

円谷がフジテレビと企画したテレビシリーズ。アンドロメダ星雲の滅びた惑星WoOから地球に漂着した不定形知的生命体のWoOが、トップ屋集団、AGCのカメラマン火田譲二が遭遇する怪事件を解決し、友情が芽生えるといった内容だった。この作品は全39話が予定されていたが、中止となる。イメージボードは小松崎茂。

東京美術センターのステージは、当初はA、Bの2つで、『Q』の特撮はBをメインで使用。

Bステージに組まれた、「ガラモンの逆襲」の東京。ホリゾントが高くないためか、寄りカットが多い。

報活動は精力的だった。なお、5〜6月時点で、『WoO』の秋田役は、佐原健二だったらしい。

そうしているうちに、『WoO』制作の見通しが不明瞭になり、『UNBALANCE』の制作のほうが先んじるようになってきた。8月にはTBSと特技プロの間で1クール分の契約が7000万円でなされ、9月に入ると「変身」「マンモス・フラワー」「悪魔っ（ッではない）子」の準備稿ができ、中旬には「マンモス・フラワー」「変身」の順に決定稿が完成、『UNBALANCE』は9月27日、「マンモス・フラワー」のお堀のシーンをもって

当初、『WoO』は1964年秋の放送開始を、『UNBALANCE』も6月の撮影開始を目指していた。しかし両作品とも企画に時間がかかり、『WoO』は5月にWoOに代わりラッパーという宇宙生物が活躍する2クール目、14話以降の企画書が制作されて脚本作りが進められるも、肝心の第1〜2話の決定稿の完成は9月にまでずれ込んでしまっていた。だが8月にはスポーツ紙で『WoO』のヒロインとして当時17歳のモデル、浮須良美が紹介されるなど、フジテレビの広

クランクインした。この制作第1回を担当したのは本編監督が梶田興治、特技監督が川上景司のコンビで、「変身」「悪魔ッ子」を含めての3本が同時進行であった。文芸と製作進行を担当した熊谷健によると、制作開始当初は予算の圧縮という方向性もあり、特撮班を別班で立ててはおらず、1班編成で撮影を進めていく予定であったという。『UNBALANCE』がクランクインした時期になると、既に『WoO』の制作は中止になっていたようで（ちなみに、『WoO』の制作中止の

理由は正確なところは不明で、契約の日にトラブルがあったためとだけ伝えられている)、特技プロは『UNBALANCE』の制作に全力を投入するようになる。その意気込みは、撮影システムにも反映されており、特撮(オプチカルプリンターによる合成の精度も含め)のクオリティを保ちたいという円谷英二の強い要望で、当時のテレビ映画は通常16ミリフィルムで撮影されていたのだが、『UNBALANCE』は予算を度外視して劇場用映画と同じ35ミリフィルムによる撮影が行われることとなった。続いての円谷一、川上組の制作は、「幽霊自動車」と「あけてくれ!」であった。しかし10月の時点で第4話だった「幽霊自動車」はその内容が風変わりなためか制作が後回しとなり、実際には「あけてくれ!」と「宇宙からの贈りもの」が10月末から12月初めにかけて撮影されている。

　この時期、『UNBALANCE』に大きな転機が訪れた。それは、TBS編成部の岩崎嘉一のアイディアによるもので、当時開催されていた東京オリンピックで大流行語となった「ウルトラC」をもじって、番組タイトルを『ウルトラQ』としてはどうかという案であった。意味は、視聴者に「?」を感じさせる作品であり、高度な特殊技術を駆使した作品であるということである。

　この『UNBALANCE』から『ウルトラQ』への改題が世間に伝えられたのは11月初めのことだった。そして12月になると、渋沢均から交代したTBSのプロデューサー、栫井巍が初期3作の完成フィルムと続く2作のラッシュフィルムを見たのち、円谷英二の監督で制作する以上はシリーズの怪獣路線への転換が必要であることを主張する。この意見を受け入れた特技プロはロケハンに入っていた「幽霊自動車」の制作を中止し、『UNBALANCE』として制作された脚本、「鳥を見た……」「206便消滅す」を『ウルトラQ』として完成させることとし、以降の脚本は怪獣に傾斜したものが中心となっていく。

　1965年に入り早々に第1クールの本数が当初の13本から15本と変更された『ウルトラQ』は、4月の放送開始は見送られることになった。それは、2月に第2クール13本の制作も決定した本格的な特撮作品であるため、もう少しの準備期間が必要とTBSが判断したためで、TBS社内の意見は、放送するのは日曜日の夜7時が最適であるということで一致していたという。この時期になると、

第2クール以降『Q』の美術総監督を務めた成田亨の紹介で、制作第14回より画家でもある高山良策が着ぐるみを制作することになった。その第1作はペギラで、1965年4月の作業。NGになったクラブトンの製作を経て5月半ばからガラモンを製作。以降、カネゴン、ケムール人、ラゴン、スダールなどを製作する。

ゴメス、リトラ、ゴロー、モングラーなど、前半は東宝特殊美術課が怪獣を製作。中央は、造形の開米栄三。

ガラモンの納品は、6月初め。その小ささがわかるスチールだ。

輸出用の英語版の制作にプラス、主な視聴者層である少年層へのPRが開始されている。その最初が小社の月刊雑誌「ぼくら」の4月号掲載の「マンモス=フラワー」の絵物語で、以降連載されていくことになる。こうして軌道に乗った『ウルトラQ』の制作は順調に進み、第2クールより東宝から野長瀬三摩地が、TBSより飯島敏宏が監督として参入し、怪獣を登場させながらも実にバラエティに富んだ作品が次々と生みだされていき、9月30日、ついに武田薬品がスポンサーに決定し、放送開始が1966年1月2日と正式に決まったのである。

　以降、TBSのPR活動は大規模に行われ、10月の大阪ABC朝日放送や福岡RKB毎日放送でのマスコミ試写会、番宣はがきの配布、11月の番組記者発表などが矢継ぎ早に展開されていった。その結果、『ウルトラQ』に対する世間の注目は大きくなっていくことになる。

1965年11月10日に、「ガラモンの逆襲」のステージにて大々的に記者会見、撮影会が行われた。

登場したのは、円谷英二とレギュラーの3人、ペギラ、ガラモン、パゴス、カネゴンとゴーガ2種。

『ウルトラQ』主要登場人物
アンバランスゾーンの住人たち

万城目 淳 (佐原健二)

民間の「セスナとヘリだけのおんぼろ」航空会社、星川航空に勤務する独身のパイロットで、自称SF小説家でもあり、宇宙旅行の夢ばかりを追い続けているという。作家気質ゆえか「現実世界にあきがきている」などというデカダンな発言もするが、じつは真面目で熱血漢。胆力はかなり強く、あまり勝ちはしないが実力で悪に立ち向かうこともいとわない。ガールフレンドの江戸川由利子つながりで毎日新報の仕事を請け負うことが多く、その仕事中にアンバランスゾーンに足を踏み入れることも一度や二度ではない。また、やたらと怪事件に首を突っ込む傾向にあり、第6話では銀行強盗の捜査までしようとしていた。

なぜか、ピストルの扱いもプロ級。洞窟から出現した火星怪獣に対し、数発命中させていた。

南極越冬隊に同行し、ペギラ事件に遭遇。サンタラス姿は、このエピソードのみである。

謎の屋敷で、襲い来る巨大な蜘蛛とナイフを手に格闘をする。投げナイフの腕もかなりのものだ。

奈良丸博士を発見し、バルンガ対策を質問。のキーマンに出会うことが多いのも特徴だ。

江戸川由利子（桜井浩子）

大洞窟も恐れず、万城目と探検する。
体力もそれなりにあるようだ。

怪事件を目の当たりにすると、つい
カメラのシャッターをきる。

快活な女性で、毎日新報のカメラマン。万城目とはいいコンビなのか、怪事件も恐れず取材意欲をみせることが多く、その行動力は関デスクの認めるところである。カンの鋭いところがあり、物事の真実を直感的に見極める反面、無茶な行動で一平などに迷惑をかけることもあった。

新東京駅にて。「はすっぱな女」には
見られたくないらしい。

カメラマンだけでなく、取材記者の
役目を果たしていることもある。

戸川一平（西條康彦）

星川航空の職員。万城目の助手であり見習いパイロットで、「多少揺れる」がヘリの操縦などもそれなりにこなす。読書家で、万城目よりSFマインドを感じさせる一面があり、人がいいためか3人のなかではイマイチ不運な立場に甘んじている。なぜかピンチに陥ることが多く、重傷を負ったこともある。

一の谷博士（江川宇礼雄）

一の谷研究所を主宰する高名な科学者で、専門は不明だがとにかく博学。宇宙の神秘についてから古代植物、動物学などのあらゆる学問に通じ、政府からの要請で怪事件のアドバイザーとなることもたびたび。万城目たちと交流があり、事件の解決に知恵を貸してくれる頼もしい存在だ。

相馬記者（加藤春哉）

いかにも小心者の芸能記者で、関デスクからの怪事件取材の命令を、いつも息を呑んで断ってしまう。その事件とは、火星怪獣、巨人、リリーにまつわるもので、得意台詞は「勇気の問題じゃないんです、趣味の問題なんです」。

空港管制官（伊藤実）

羽田空港管制塔の管制官（写真左）で、ペギラの冷凍効果によって空中に停止したのちに落下する1030便を目撃する。また、後日の206便が四次元空間に消滅した事件の際も、管制の業務を行っていた。

関デスク（田島義文）

毎日新報の鬼デスク。由利子からは「ゴリラ」などと揶揄されているが、じつはものわかりがよく人情家で紳士的な好人物である。息子がいるらしいがひとたび事件となると泊まり込みもいとわず、部下を叱咤激励する。ゴロー事件のときは解決策を提案し、その資金も会社から出させたようだ。

レギュラー記者

そのほかの新聞記者役にも、セミレギュラーがいた!? 第4、11話の毎日新報の記者コンビ役は、勝部義夫（第2話にも登場）と橘正晃、第13話の記者A役は鈴木泰明（第23話にも登場）で、第2話では記者役の鈴木治夫は第11話では調査部の係員になっている。

第2話記者

第4話記者

第11話記者

第13話記者

本多助手（岡部正）

一の谷研究所の職員で、第3、25〜28話に登場。けっこうマッドな博士の手伝いをしている。大量の塩水も作った。

そのほかにも、刮目すべきキャスティングがある。第8話の県警隊長（上中写真・右の人物）は、ゴジラなどを演じている中島春雄、第3話の宇宙開発局員、第10話のいなづま号の乗務員（上右写真・左の人物）は円谷特技プロの企画室長で文芸担当の金城哲夫だ。

メカニック、兵器etc.

『ウルトラQ』の世界には、SFならではの実在、架空のメカニックや兵器がいろいろと登場する。劇中活躍する多くのメカニックのなかから、おもなものをここで紹介しよう。どれも、作品を彩る重要なポイントである。

万城目の車　プリンス スカイラインスポーツクーペ

1962年に発売された生産台数約60台のスポーツカー。万城目のものはコンバーチブル。ナンバーは「品5ね1-2で、第22話の車両のみ「品5な20-84」。こちらのボデーカラーは、クリーム色だったらしい。

星川航空セスナ172

セスナ・エアクラフトカンパニー製の飛行機、セスナ172型スカイホーク。登録番号はJA3137で、星川航空のロケに使用した調布飛行場の三ツ矢航空所有の機体に「星川航空」のシールを貼る。

星川航空ヘリコプター

ジュド・エスト社（現、ユーロコプター）製のアルウェットⅡ。JA9012、9003、9002の3機が登場している。

星川航空の車

第11話に登場した、プリンスのグロリア。この中でバルンガが膨らんで、たいへんなことになる。

毎日新報又オ車

上は第2話で関デスクが乗ってきた車。下は第14話のトヨペットクラウン。ュースカー3号だ。

南極越冬隊関連

第5話に登場する南極越冬隊のメカニッは、もちろん架空のもの。観測船はたで、越冬隊はバードルヘリ、レシプロ機、雪上車、観測用ロケットなど豪華備を保有していた。

陸上自衛隊兵器

火炎放射器がジュラン戦、自走無反動砲、地対地ミサイル、M4中戦車などが大もぐら戦に登場。

航空自衛隊兵器

バルンガやペギラへの攻撃には、通称セイバーで知られるF-86FやF-86Dが出動していた。

遊覧船

第13話、綾子と由美が乗っていた弓ヶ谷のダム湖の遊覧船。ガラモンに襲われそうになって、たいへんなことになる。

998年まえの船

10世紀の貿易船。四次元の世界を通り抜けて現代に現れたのではと、推測されている。ラルゲユウスが、これに入り込んでいた。

1030便

南極から北極に引っ越す途中のペギラの冷凍光線によって空中停止、羽田空港滑走路に墜落してしまった不幸な旅客機である。

人工太陽

バルンガを宇宙へおびき出すため、奈良丸博士の依頼で国連が打ち上げた小型の人工太陽。おそらく、核融合であろう。

火星ロケットのカプセル

火星人（？）が地球に送り返してきた、火星ロケットのカプセル。火星怪獣の卵2つと怪獣の部分アップの写真が乗せられていた。

衛星サタン1号

土星探険ロケットで、地球の近くでバルンガに遭遇、エネルギーをすべて吸収されて海へと落下し、大破してしまった。

炭酸ガス固定剤

マンモスフラワーを退治するため、源田博士が用意した薬剤。万城目が上空からまいて、巨大植物を枯らせてしまった。

ペギミンH

第5話と第14話で、ペギラを逃走させた薬品。ペギラが嫌うキノコから抽出されるもので、その効き目は絶大である。

メカニック、兵器etc.

『ウルトラQ』第15〜28話のなかでも、怪獣や怪事件と戦うさまざまなメカが登場している。ここで、活躍した現実に存在するメカと、センス・オブ・ワンダーな空想メカを大紹介。ウルトラメカの原点が、ここにある!?

航空自衛隊兵器

昭和(戦後)の日本の戦闘機といえば、第19話登場のロッキード、F-104J。ノースアメリカン製で日本に貸与されていたF-86Fはボスタングを退治しており、ゴーガと対決した2種は架空の機体のようである。

巡視船しきね

ボスタングと対峙した海上保安庁の巡視船PM21は、昭和25年度第2次追加計画で建造された改450トン型の5隻のうちの1隻、しきね。現在の最新鋭のしきねは、後継船だ。

苛性カリ弾

カリウムイオンと水酸化化合物からできるイオン結晶をリャン・ミンの発案で弾丸に詰めた。この苛性カリは、タンパク質に対して強い腐食性を帯びている。

熱原子X線

通常の可視光線の波長の長さを大きく超えた、数千万オングストロームの熱原子を含むX線。一の谷が開発したれっきとした兵器であり、巨人に対して初使用された。

超短波ジアテルミー

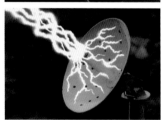

超短波によって、人体電気のプラスとマイナスのバランスを修正することができる一の谷製のマシン。シナプスの破壊に伴う、リリーの精神の分離状態を是正した。

K・ミニオード

神田博士が考案、開発した、電子素子の一種。これにより、ケムール人が苦手とするXチャンネル光波を発生させることができる。光波は、ケムール人とのテレパシー交感も可能とする。

人間縮小機

世田谷区役所内に設置されている装置で、人間を8分の1の大きさに縮小することができる。操作するのは既に縮小されたSモデル地区の人間だが、装置のシステムなどは不明。

ネオ・ニュートロンミサイル

ニュートロンの世界的権威、糸魚川博士が、パゴス撃退のために産業都市へと手配した2基のミサイル。パゴスの頭上で爆発して白いパウダー状の物質を怪獣に付着させ、そのボディーを一瞬のうちに風化させてしまう。風化したパゴスは、次の瞬間に砕け散ってしまった。素粒子の一種、中性子の特性を利用した兵器のようであるが、そのシステムについては、劇中では一切語られていない。

『ウルトラＱ』制作記
全28話の主な流れとスタッフ編成

テレビ時代を予見した円谷英二が、テレビ映画制作のために円谷特技プロダクションを設立し、数年の紆余曲折を経て実現した企画、『UNBALANCE』の撮影が始まったのは、1964年9月27日である。ここでは、画期的な特撮テレビ映画『ウルトラＱ』の制作の簡単な流れと作品にまつわるスタッフたちを、みてみよう。

公職追放の指定を受けた1948年、円谷英二は自宅の庭に特殊映画技術研究所を作った。それはやがて円谷研究所という名称となり円谷が東宝に復帰した1950年には東宝スタジオ内に移設され、東宝映画のタイトルの撮影などを行うようになった。そして1956年、円谷は再び自宅の庭に円谷研究所を設立、そこで通常の撮影スケジュールから漏れたコマ撮りシーンの制作や合成カットなどの作業に対応していた。これが現在の円谷プロの母体であり、1959年頃には円谷の内弟子のようなかたちで佐川和夫、中野稔などの人材が出入りするようになっていた。また、脚本家の金城哲夫が円谷家の門をたたいたのもこの時期である。円谷は佐川たちに東宝映画の特撮現場で経験をつませ、東宝への入社も斡旋しようとしていた。

1960年代になると円谷はテレビ時代の到来を予見し、テレビ映画の制作会社を設立する腹を固めていた。1962年に研究所の名称が円谷特技研究所になった頃、フジテレビからテレビ映画の企画の依頼があった。これが後に『WoO』となる企画で、1963年4月12日にはついに株式会社円谷特技プロダクションが設立され、技術者の佐川、中野や企画・文芸で金城、助監督で熊谷健などが特技プロに入社することになった。同時に円谷は経営にも明るい人間として東宝から市川利明を招聘、取締役兼支配人とし、総務部長を今津三良、製作部長を清水満志夫とした。無論、社長は円谷である。また、1年ほど後であるが、既にピー・プロダクションを起こしていた鷺巣富雄も取締役として名を連ねている。そんな特技プロの最初の仕事は市川崑が監督した日活・石原プロモーションの映画『太平洋ひとりぼっち』の特撮部分の受注制作であり、この仕事を機に東宝出身で共同通

番組のタイトルが『UNBALANCE』でクランクインした、制作No.1「マンモスフラワー」における丸の内の地下街場面の撮影風景。

信社でカメラマンを務めていた高野宏一が撮影技師として特技プロの社員になり、8月に川津の万名湾で撮影が行われている。ちなみにこの作品の特撮監督は松竹所属の川上景司で、助監督は中野稔、熊谷健、撮影は高野宏一、佐川和夫、撮影助手は鈴木清、中堀正夫が務め、美術は東宝の石井清四郎、照明は後藤忠雄が担当している。

円谷が特技プロを立ち上げたことを知った東宝は、東宝スタジオ内の京都衣装の建物を特技プロ用に提供して円谷と交渉、1964年3月に東宝から特技プロに資本が入ることになり、社長は円谷だが代表に柴山胖が就き、取締役に藤本真澄が加わっている。東宝から

貸与されたこの京都衣装の建物こそ、2005年まで円谷プロが本社を構えた世田谷区砧の社屋であり、ここで特技プロはその初期の陣容を完成させることになった。

1964年の春までにオプチカルプリンター騒動（5ページ参照）も解決し、5月には佐原健二が映画『勇者のみ』のハワイロケ中に東宝の本多猪四郎監督より特技プロのテレビ映画の主演を打診され承諾、いよいよ制作のゴーの気運は高まっていた。そして8月、TBSと進めていた企画『UNBALANCE』の1クール分の契約が『WoO』に先駆けて成立し、『UNBALANCE』の制作が急ピッチで進められることになる。9月になるとTBSに提出されていたサンプルストーリーのなかから「変身と変心（「変身」と改題）」「マンモス・フラワー」「幽霊自動車」の3本（「悪魔っ子」はタイトルが「ッ」ではないが決定稿扱いとして脚本が完成）、それにプラス「206便消滅す」「あけてくれ！」の2本の準備稿ができあがり、決定稿となった「マンモスフラワー」「悪魔ッ子」「変身」の撮影が開始された。監督は東宝で本多組の助監督を務めていた梶田興治で、そのクランクインは9月27日、「マンモスフラワー」のお堀端のシーンである。スタッフ編成は『太平洋ひとりぼっち』のスタッフが中心となり、新たに東宝から本編班のカメラマンとして内海正治、美術と

制作No.15「東京氷河期」での、ペギラ対航空自衛隊戦闘機群の撮影を準備している。操演の準備をされている戦闘機は、セイバーの愛称で知られるF-86F。

して清水喜代志が参加、助監督はTBSにて円谷一のもとでアルバイトのAD（アシスタントディレクター）を務めていた満田稽が担当することになり、熊谷は製作進行に回ることになった。特撮班で新たに加わった人材は照明の堀江養助、東宝で円谷英二と長く仕事をしている美術の井上泰幸、渡辺明、美術助手の岩崎致躬、倉方茂雄、佐々木明などで、中野はここから光学撮影を担うことになる。

10月になると「変身」の本編撮影も始まり、11月にかかる時期には円谷一組の「あけてくれ！」「幽霊自動車」の撮影が始まる予定だったが「幽霊自動車」は先送りになり、代わりに「宇宙からの贈りもの」が撮影されることになった。そんなときTBS編成部の岩崎嘉一の案で、番組タイトルが『UNBALANCE』から流行語を取り入れた『ウルトラQ』に変更となっている。音楽も、この時期に製作されていた。第1回の録音は11月23日、30日に早稲田のアバコスタジオで行われており、音楽担当は宮内国郎である。宮内は円谷英二の次男、フジテレビに勤務していた円谷皋の友人の音楽家で、当初は『WoO』を担当する予定だったという。

12月に入ると、もう一つの大きな出来事があった。TBSの担当プロデューサーが渋沢均から栫井巍に交代し、最初の3本の完成フィルムと「あけてくれ！」「宇宙からの贈りもの」のラッシュフィルムを見た栫井が、『ウルトラQ』を怪獣ものにシフトさせることを主張したのだ。それは受け入れられ、ロケハンを行っていた「幽霊自動車」は中止。撮影が始まっていた「鳥を見た……」と脚本ができていた「1/8計画」は生かされたが、「206便消滅す」は急遽『ウルトラQ』名義で怪獣の登場場面を加えた脚本が書かれることになった。

紆余曲折はあったが、方向性が確定すると制作は順調に進みだし、1965年の1月には、TBSとの契約本数が13本から15本に変更され、2月にはあと1クール分13本が発注されている。この時期脚本の作が行われたのは「育てよ！カメ」「甘い蜜の恐怖」「ゴメスを倒せ！」「モ男爵」などで、「ゴメス〜」はTBS映画部で円谷一の後輩の監督、島敏宏が円谷一の発注により千束北男名義で執筆したものである。

制作No.17「ガラダマ」における、干上がった熊谷ダムのセット。ステージの床に穴を空け、ガラモンを入れる。その上にガラダマを乗せ、ガラモンの出現を演出。

この年の３月が、『ウルトラＱ』第２クールの制作が開始された時期で、制作No.14の「ペギラが来た！」から実質的な美術総監督が東映ほかで美術を担当してきた芸術家・彫刻家の成田亨になり、その引きで怪獣の造形は画家でもある高山良策が東宝特殊美術課に代わって行うようになった。成田の仕事の手始めは井上のペギラのデザインのリライトで、翼を変更し、牙をつけたということである。なお、ペギラの角とイボは高山が加えたもので、特徴ある半開きの目もデザインにはなく、演出効果を狙った高山独特のアイディアだった。成田の指示の下、高山が造形を行い、その後もガラモン、カネゴン、ラゴンなどの素晴らしい怪獣たちが続々と生みだされていった。

『ウルトラＱ』の監督は、制作初期３作を担当した梶田が東宝所属で、円谷一と中川晴之助がＴＢＳ映画部所属であり、劇場映画とテレビ映画からきた両陣営がいい意味での対抗意識、緊張感をもって仕事に取り組み、作品の質を高めることに貢献しているといえる。第２クールの時期になると東宝からは助監督の野長瀬三摩地が、ＴＢＳからは先述の飯島が互いの会社の指示で監督を務めるようになった。この２人もそれぞれ重厚かつ骨太、軽妙かつスピーディーという際立った演出傾向を見せており、『ウルトラＱ』というシリーズの幅を広くすることに大いに役立っている。円谷一は英二の長男であるという意識からか奇をてらわず予算的にも逸脱しない作品作りに徹していたようなので、梶田・野長瀬の東宝、中川・飯島のＴＢＳという観点で『ウルトラＱ』を見ると、また新たな発見があるかもしれない。

脚本でもこの時期注目したいのは、金城の引きで上原正三が参画したことだ。1964年に脚本で芸術祭に入選した上原は、以前金城に円谷一らを紹介されており、「宇宙指令M774」「ゴーガの像」を執筆、特技プロ企画室に入社

制作No.18「燃えろ栄光」は「宇宙指令M774」と並行して撮影された作品で、満田䅰の初監督エピソード。写真は、ビル・大山とピーターのコミカルなシーンの撮影風景。プールの場面は、赤坂プリンスホテルでロケが行われた。

制作No.21「虹の卵」で、パゴスが暴れる新産業都市のミニチュアセット。『ウルトラＱ』のなかではそれほど大きな制作予算が組まれた作品ではないが、成田亨の特撮術の設計と合成作画の効果で、広大な未来都市が映像化された。

することになるのである。

特技監督に目を向けてみると、初期エピソードは『太平洋ひとりぼっち』以来の川上景司が担当し、続いて特撮映画の担当も多い東宝の本編班カメラマンの小泉一、大映の特撮を担っていた的場徹、円谷特殊技術研究所で円谷英二の撮影助手も務めた経験がある東宝特撮班カメラマンの有川貞昌などの面々が参加、テレビという新しいジャンルでの特撮映像の確立に精力的にチャレンジ、劇場映画とは一味違うテレビ映画の特撮を成立せしめている。

こうして、通常の30分ドラマの制作費が150万円という時代に、１話500万円もの巨費を投入した『ウルトラＱ』は、新聞などで話題にされるなか11月10日の記者会見・撮影会をへて年内に約１年３ヵ月にわたった撮影は終了、「ＳＯＳ富士山」と「地底超特急西へ」の仕上げ作業を残すのみで放送が開始されることになる。

ウルトラQ

第1話 ゴメスを倒せ！

制作№12（脚本№12）　1966年1月2日放送　脚本／千束北男　特技監督／小泉一　監督／円谷一

出演者

佐原健二

桜井浩子
西條康彦

田島義文
富田仲次郎

山本廉
大林千吉

森野五郎
村岡順二

関田裕
山田圭介

勝本圭一郎
中島春雄

監修　円谷英二

脚本　千束北男

江原達怡

撮影　内海正治
照明　小林和夫
美術　清水喜代志
現像　キヌタラボラトリー

特技監督　小泉　一

音楽　宮内国郎
編集　氷見正久
効果　沢田一郎
助監督　満田稔

監督　円谷一

特殊技術
撮影　高野宏一
照明　堀江養助
美術　井上泰幸
操演　石井清四郎
光学撮影　中野稔

制作　ＴＢＳ
円谷プロダクション

東海弾丸道路の第三工区、北山トンネルの工事現場で大洞窟が見つかり、そこで楕円形の物体が発見された。物体の正体が判然としないなか、洞窟を探検する万城目と由利子の前に古代の獰猛な哺乳類が現れる。それこそは、金峰山の寺に伝わる古文書の怪物の一方、ゴメスにちがいない。

記者 新田（江原達怡）

東海弾丸道路を担当する毎日新報の記者で、一平とともに桐野市の金峰山へ飛び、リトラとゴメスの真実に迫っていく。

少年ジロー
（村岡順二　声・小宮山 清）

工区で母が働く、古生物学マニアの少年。楕円形の物体がリトラのさなぎであることを見抜き、孵化させてゴメスにぶつける。

作業係長 中村（富田仲次郎）

工区の責任者で、豪放磊落な人物。ジローの言うことを信用しないが、危険な万城目と由利子の救出に尽力した。

作業員A（山本 廉）

ベテランの作業員。ジローの古生物学発言を信用していないが、人はいい様子。中村といっしょに万城目と由利子を救出した。

倒せ！
メスを

学者A（勝本圭一郎・右）、
学者B（山田圭介・左）

和尚（森野五郎）

アル中の作業員（大村千吉）

姿番組クレジットでの
「大林千吉」は誤植。

弓形の物体の正体がまったくわからな
い頼りにならない学者たち。どうやら、
専門ではないということだ。

金峰山の寺の住職で、一平たちに昔、裏
の洞窟から見つかったというリトラとゴメ
スの戦いについて記された古文書を見せる。

工事現場で洞窟を見つけ、パワーショベ
ルごしにゴメスを目撃してしまう。大いに
とりみだし、病院に送られることになる。

『ウルトラQ』が怪獣もの
であることを視聴者に印
象づけるため、第1話に
選ばれたエピソード。脚
本の千束北男こと飯島敏
宏によると、作劇のポイ
ントは、小さなものが大
きなものを倒すことだと
いう。劇中「カアちゃんの
耳かき」のフレーズがあ
るが、英語輸出版では「コ
ルセットの一部」となる。

017

工事現場を訪れた由利子は、怪物に興味を持つ万城目とともに「秘境探検」に出た。一方、ジローの言葉で桐野市の大洞窟と北山市の洞窟に関係がある可能性に気がついた新田は、一平、ジローと金峰山へ飛び、怪獣の復活を予感する。そんな頃、洞窟の万城目たちの前にゴメスが出現した。楕円形の物体がリトラのさなぎだと考えたジローはゴメスにぶつけるため、リトラを孵化させることにする。

破

火で温められたさなぎからリトラが飛び出した。その頃、万城目〔と〕由利子は洞窟内で中村たちと合流したが、ゴメスはもう間近に迫っている。必死に逃げる一同はなんとか外へ出るが、リトラは戦う気配をみせない。そこに、トンネルを崩してゴメスが出現、工事現場を破〔壊〕しながら、リトラに迫ってきた。ようやくリトラは飛び立つが、巨〔大〕なゴメスの攻撃に対し、決定打といえる力はもっていないようだ。

HIGHLIGHT

このエピソードの見どころは、10mという身長設定のゴメスを表現する5分の1サイズのセットのリアリティだが、それにも負けない密かな見どころは、冒頭でゴメスを目撃してしまう名優、大村千吉の迫真の演技である。大村はこういった役どころが異様にはまっており、『ウルトラマン』第29話、『怪奇大作戦』第24話でも忘れられない名場面をモノにしている。また、万城目の「原子銃と殺人光線銃」も、設定を生かした洒脱な台詞といえる。

終

「シトロネラアシッドを使うんだ」そう叫ぶジローの声が届いたのか、リトラはゴメスの右目をクチバシで突き、ゴメスに動きの隙を作った。そこを狙って、強力な酸のシトロネラアシッドを6回も吐き出すリトラ。さすがのゴメスも、攻撃に苦しみながら倒れていく。喜ぶジローだったが、リトラもゴメスの亡骸の上に力なく覆いかぶさってしまう。リトラもまた、命を失ったのである。

Character
古代怪獣ゴメス
GOMESS：身長10m　体重3万t

学名はゴメテウス（Gometius）で、古代の胎生哺乳類。凶暴な性格で、変温動物のため地殻変動などによる地中温度の上昇により長い眠りから目覚めたと考えられる。脚本の設定では、姿体は稍アザラシ状、一見オケラの巨大化とも見えるとあり、当初は四足歩行怪獣で企画されていた。実際は予算の削減もあり、特殊美術課の井上泰幸がゴジラの着ぐるみをベースにする前提でデザイン、『モスラ対ゴジラ』のゴジラに頭部パーツと胴周りのウロコパーツ、腕をかぶせ、甲羅と牙をつけたものになった。演技者は、中島春雄。

オープニングで目、角などのアップ見せ、音楽終了とともにパワーショの前に現れたシーンになる。まさに獣を印象づける優れた演出である。

デザイン画にはないが、ゴメの尻尾は二又になったものにれた。大きな牙、背中の甲羅ならび、ゴジラ感を消す努力感じられる。また、ほかの怪にはない独特の呼吸音も、ゴスの個性を生んでいる。

金峰山の洞仙寺にあった、古書。大昔も、両者は対決しことがあり、そのときもリラが勝利したもよう。だが、代の日本でも、リトラ、ゴスと呼ばれていたと考えるちょっと不思議な気がする。

Character

原始怪鳥 リトラ

LITRA：身長5m 翼長15m 体重1万t

　学名は、リトラリア（Litolaria）。鳥類
と爬虫類の中間生物で、卵生。鋭いクチ
バシをもち、脚本時よりクジャクのよ
うな優美な姿が想定されていた。造形は
東宝特殊美術課で、デザインは井上泰幸。

洞仙寺の古文書にある、リトラの画。古
代人には、鳳凰に思えたかもしれない。こ
の時もリトラは、シトロネラアシッドを用
いてゴメスを攻撃したようだ。

劇中では「さなぎ」と呼ばれている
円形の物体。これを掘りだしたのは、な
んとゴメス。ジローと一平が火でこれを
温めたことで、リトラは現代に蘇った。

リトラのネーミングは、「リトル」から。一平が言うように、生まれたばか
りのためか、孵化直後はまったく戦う気配は見せていない。だが、ジローの呼
びかけはなんとなく理解しているようにも見うけられる。

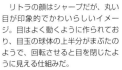

シトロネラアシッド

リトラの顔はシャープだが、丸い
目が印象的でかわいらしいイメー
ジ。目はよく動くように作られてお
り、目玉の球体の上半分がまぶたの
ようで、回転させると目を閉じたよ
うに見える仕組みだ。

強烈なシトロネラ酸。これは、自
らの命を削る最後の攻撃といえる。
まさに、奥の手であった。

第2話 五郎とゴロー

制作No.7（脚本No.11） 1966年1月9日放送 脚本／金城哲夫 特技監督／有川貞昌 監督／円谷一

淡島海上ロープウェイに、突然巨大な猿が出現した。それは、富士伊豆野猿観察研究所が保管していた「青葉くるみ」を大量に食べたため巨大化してしまった日本猿、ゴローだった。ゴローは研究所で雑用をしている青年、五郎と仲が良く、五郎はゴローのために食料を盗み始める。村人の通報により五郎は街の警察署に連行され、留置されることになってしまった。だが、そんな五郎を探して、ゴローが街に出てくる。ゴローは、警察の発砲もものともしない。

特殊技術
撮影 高野宏一
照明 堀江養助
美術 井上泰幸
操演 石井清四郎
光学撮影 中野稔

出演者

佐原健二

西條康彦
桜井浩子

土屋嘉雄
田島義文
石田茂樹

谷　晃
桐野洋雄
鈴木和夫
二瓶正也

渋谷英雄
坪野鎭之介
西條竜雄
矢野福幸

監修 円谷英二

脚本 金城哲夫

特技監督 有川貞昌

撮影 内海正治
照明 小林和夫
美術 清水喜代志
詩音 キヌタ・ラボラトリー

監督 円谷一

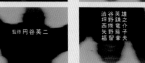

音楽 宮内国郎
編集 氷見正久
助監督 満田粐

制作 TBS
円谷プロダクション

小野（土屋嘉雄）

野猿観察研究所の所員で、半月の休暇から研究所にもどってきた。真面目な性格で温厚。「青葉くるみ」がないことに驚く。

松崎（石田茂樹）

小野の同僚で、「ネオンの海が恋しい」という遊び人。猿が好きなようだが、五郎にはやや辛くあたる傾向にあるようだ。

伊藤（桐野洋雄）

由利子とともに南洋のイーリヤン島へ旧日本兵捜索の取材に赴いていた、毎日新報の記者。やや、南洋ボケになっている様子。

五郎（鈴木和夫）

19歳の口が不自由な青年。研究所の雑用係で猿とともに育ち、村人に「エテキチ」と呼ばれるほどの猿好き。ゴローとは兄弟同様。

運転手（二瓶正也）

ダットサントラック1200で牛乳を運んでいた、森下牛乳の配達員。ゴローに牛乳を奪われ、驚いて脱兎のごとく村まで逃げていく。

林（渋谷英雄・左から2人目）

毎日新報のカメラマンで、自らゴローの取材をする関デスクに同行。ゴローの鮮明な写真をモノにしている。わりと冷静。

「五郎とゴロー」の本編部分の撮影は1964年12月のことだった。当初は猿を巨大化させたものはホルモン剤の一種の「ヘリプロン結晶G」ということになっており、当然作品もそれで仕上げられていた。だが1965年9月にスポンサーが武田薬品に決まったことで、薬品ではまずいということになり、「ヘリプロン結晶G」は「青葉くるみ」に変更され、一部シーンの撮影とアフレコがやり直されている。

STORY

序

野猿観察研究所に戻ってきた小野と松崎が、「青葉くるみ」が猿に荒らされていることに気づいた。そのくるみを食べ過ぎて巨大化したゴローだが、心は変わらない。五郎が指笛で呼ぶと、森から姿を現す素直さをみせる。一方、由利子のイーリヤン島からの手紙を読む万城目たちに、関デスクが仕事を依頼する。淡島に出現した巨猿の取材だ。一同は牛乳を奪ったゴローの撮影に成功、現場で小野、松崎に出会う。

破

五郎は、空腹なゴローを見かねて「弁慶が刀を集めるみたいに」村の食料を盗んではゴローに与えていた。帰国した由利子が、関デスクの命で万城目たちとともに村を訪ねるが、そこで見たものは、村人につるし上げられ、警察に逮捕される五郎だった。五郎がいなくなったことを案じるゴローが山から村へ、村から街へと移動して五郎を探し始めた。その頃、関デスクは、イーリヤン島にも巨猿がいることを知る

今回の見せ場は、前回は不足だった都市の破壊シーンに代表される、昭和の空気を強く感じる風景の数々だ。冒頭の西伊豆の淡島海上ロープウェイや村、そしてラストの街。精密なミニチュアセットの郵便ポストや電話ボックス、電柱など、郷愁を誘うものばかり。これらの色の再現のための考証は、多くの資料、史料からのものだ。

ゴローは、五郎を求めて街をさまよう。その気はないのだが、街を破壊していくゴロー。由利子はそんなゴローをイーリヤン島に連れて行くことを思いつくが、関デスクも同じ考えでいた。五郎とゴローの安住の地はイーリヤン島しかないのだ。睡眠薬入りの牛乳を、釈放された五郎がゴローに与える。目がさめれば、南の島だ。だが、なにも知らされていない五郎は、眠りこけるゴローを前に悲しみに叫ぶ。

Character

巨大猿 ゴロー
GORO：身長50m 体重1万t

着ぐるみは『キングコング対ゴジラ』のキングコングが改造されたもので、東宝特殊美術の手でゴローの顔と尻が製作されている。

五郎が育ての親とでもいうべき日本猿が、「青葉くるみ」を食べ過ぎたため甲状腺のホルモンバランスに異常をきたし、巨大化した怪獣。本来は優しい性質のため、食料を奪うこと以外の乱暴な行動はとらないが、五郎がいなくなったため街に現れて五郎を探す。関デスク発案の睡眠薬入りの牛乳を飲んで昏睡状態に陥り、そのあいだに五郎とともにイーリヤン島に送られた。演技者は福留幸夫。

実物大のゴローの手を作り、クレーンで動かす。この五郎が食料を与える場面は、川市にあった東宝の生田オープンで撮られた

関デスク自らの手に。記事。写真つきは毎日新だけだったという。

五郎を探す過程で、ついつい破壊行動に出てしまう。大きくなったため、警官の22口径の拳銃くらいでは、足止めできない。送電線の電流には、それなりの衝撃を受けている。なお、脚本では蜘蛛猿で設定されている。

〇ーリヤン島の大きな猿

由利子と伊藤が旧本兵の生存者捜索〇取材に赴いた島に、旧日本兵が持ちんだ「青葉くるみ」食べて巨大化したがいた。この巨大は、島の住民たち平和に共存してい

第3話

宇宙からの贈りもの

制作No.4（脚本No.5）　1966年1月16日放送　脚本／金城哲夫　特技監督／川上景司　監督／円谷一

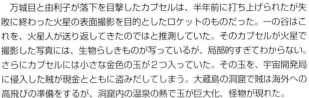

　万城目と由利子が落下を目撃したカプセルは、半年前に打ち上げられたが失敗に終わった火星の表面撮影を目的としたロケットのものだった。一の谷はこれを、火星人が送り返してきたのではと推測していた。そのカプセルが火星で撮影した写真には、生物らしきものが写っているが、局部的すぎてわからない。さらにカプセルには小さな金色の玉が2つ入っていた。その玉を、宇宙開発局に侵入した賊が現金とともに盗みだしてしまう。大蔵島の洞窟で賊は海外への高飛びの準備をするが、洞窟内の温泉の熱で玉が巨大化、怪物が現れた。

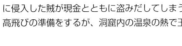

黒メガネの男（佐藤功一）

　弟分とともに宇宙開発局の金庫を破り、万城目に大蔵島へのフライトを強制する。火星怪獣の光線で、硬直死してしまう。

対策委員（池田生二）

　宇宙開発局の一員で、カプセルが戻ってきた事件の対外的な窓口でもあるようだ。万城目と由利子に、真実を語る。

神田（草川直也）

　宇宙開発局のカプセル事件対策の会議に招集された有識者の一人で、オブザーバー。カメラの故障を疑った。

山下（土屋詩朗）

　オブザーバーの一人で、「火星人が贈りものをよこしたんじゃないのかね」と冗談を口にする。やや楽観的な人物か。

古藤（西條竜介）

　カプセルのパラシュートを、我々の化学繊維より「一歩進んでいる」と指摘。写真には、首をひねるばかりだった。

坂本長官（田﨑 潤）

　宇宙開発局の責任者で、対策会議を主催する。金色の玉の厳重な保管を部下に命じるが、現金とともに金庫に入れるとは……。

当初このエピソードは『UNBA
ANCE』における円谷一の2巡目
の監督作品(第10話)として予定
されていたが、「幽霊自動車」の制
作が中止になったため最初の梶田
興治組3本に続く、円谷の1巡目
の作品として「あけてくれ!」と同
時進行で撮影されることになっ
た。それゆえ作品の本質は、姿を見
ない火星の何者かの不気味さに
り、火星怪獣は作劇を盛り上げ
ための存在として機能している。

STORY

序

宇宙開発局に赴いた万城目は、対策委員よりカプセルが火星ロケットのものであることを聞き、一の谷より火星人の仮説を語られる。対策会議では有効な意見は出ず、金色の玉は保管されるも、黒メガネの男に盗まれてしまった。万城目に実力行使をした男は大蔵島でマカオへ逃亡する準備をしていたが、洞窟内の温泉に金色の玉が転げ落ち急速に成長。中から不気味な怪物が姿を現す。男は、銃を撃つが……。

破

翌朝、万城目たちは大蔵島に出たという怪物の正体を確かめるために島に飛んだ。そのとき、一平がキザな様子で由利子に金のペンダントをプレゼントする。おびえきる島の住民をしり目に洞窟を探る万城目たちが硬直死している男を見つけると、洞窟の奥から怪物が姿を現した。やがて洞窟の外に進撃してきた怪物には拳銃も効果がなく、目から不思議な光線を放ち、万城目たちに迫る。

HIGHLIGHT

第1話でも怪獣（リトラ）が殻を破って誕生するというシーンがあるが、こちらのほうが制作ナンバーが早いせいか、誕生の描写は丁寧である。ひび割れていくカットも、コマ撮りで表現されている。あと注目すべきは相馬記者こと、加藤春哉だ。子役デビューで新東宝映画にも出演、東宝映画や多くのテレビドラマでコミカルな味を見せる演技は、作品の潤滑油だ。それに終盤で卵が膨らむシーン。仕掛けは風船なのだが、なかなかに効果的である。

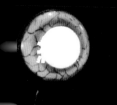

終

怪物は万城目一人をどこまでも追い続ける。そして深追いしすぎた結果、怪物は崖から海へと転落してしまい、なんと、海水で溶けてゆく。その夜、火星怪獣と名づけられた怪物のもう一つの卵が見つからないという状況のなか、リイフォンの熱で由利了のペンダントが膨らみ始めた。それは、一平がセスナの中で見つけた怪獣の卵だったのだ。一の谷研究所で、第2の火星怪獣が誕生した。

火星怪獣 ナメゴン

NAMEGON：全長30m 体重1万t

　火星から何者かによって送りこまれた怪獣で、その目的は、不用意に火星に近づく地球人に対する警告、または威嚇ではないかと推測される。地球のナメクジに酷似しており、同じように塩分によって水分が失われることが弱点である。カプセルのカメラに写っていたことから、火星においてはそれなりの個体数が生息している生物なのかもしれない。

長く飛び出した目から、音符のような形状の光線を放つ。この光線を浴びた人間は硬直して死亡してしまうが、その瞬間は映像では確認できない。

一の谷が「アブストラクト」と評した写真群。ナメゴンの一部である。金色の玉は、初めは小さな物体だった。

作品の映像からは、全身が確認できるカットはほとんどない。ナメゴンの造形は、東宝特殊美術課といわれ、その移動ギミックは、『モスラ対ゴジラ』のモスラ（幼虫）のものが流用されており、自走できたというのが通説である。鳴き声は、バラゴンの流用。

2体目の個体

一平のせいで一の谷研究所に出現してしまった、もう一体のナメゴン。庭で誕生し、殻を破って研究所に迫るところでドラは終わりを迎えるが、一の谷が本多助手に塩水を作るように命じているので、それで退治されたものと推測される。

第4話 マンモスフラワー

制作№1（脚本№1）　1966年1月23日放送　脚本／金城哲夫・梶田興治　特撮監督／川上景司　監督／梶田興治

深夜の丸の内で突然道路が隆起、警邏の警官が崩れてきたビルの破片にあたって死亡した。丸の内のみに起こる地震の原因は、その根を使い、地下街にいる人間の血を吸う巨大な植物だった。一の谷は、そのあまりに巨大な古代の植物をマンモスフラワーと名づけた。やがて植物はビルを突き破り、美しい花を咲かせ始める。政府は、怪奇植物、マンモスフラワーを退治すべく動き出すが……。

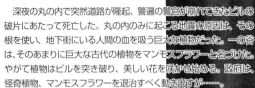

源田博士（高田 稔）

植物学の権威で、マンモスフラワーを研究する時間が欲しい。しかし、その脅威を眼前にし、やがて退治を決意する。

支配人（堺 左千夫）

星川航空の得意先、東京広告の支配人。会社の下にマンモスフラワーの球根が埋まっていることを知り、あわてる。

社員（中山 豊）

東京広告の社員で、ビルに取り残された一平を助けに行こうとする万城目を、「危ない」と引き留める。

三木道子（雨宮貞子）

東京広告の女子社員で、一平のガールフレンドらしい。一平とともにビルに取り残され、たいへんな目に遭う。

部（向井淳一郎）

下街で人を襲った根を目の前にし、巨植物の出現に頭を痛める。「真面目になのかね」と、一平をしかる。

対策本部長（津田光男）

自衛隊のマンモスフラワー対策の前線指揮官。源田博士に、退治を1日待つように頼まれて、少々困惑している。

警官（井上大助）

エピソード冒頭で、突然のビルの崩壊によって死亡してしまう被害者第1号。マンモスフラワーの、初の目撃者だ。

『UNBALANCE』のタイトルで撮影開始された、『ウルトラQ』制作第1回エピソード。怪獣を前面に押し出す企画ではなかったからか、植物という地味な題材になっている。その反面、ストーリーはSF性が強く、水準の高いシチュエーションドラマとして成立している。なお、当初、特技監督には東宝の中野昭慶があたることになっていたらしい。

STORY

序

　得意先の東京広告に御用聞きに来た万城目と一平は、道子から「お堀になんかプカプカ浮いてんだって」と聞き、途中行きあった由利子も伴ってそこへ駆けつける。お堀に浮いていた根のような物体が動きだし、やがて姿を消したことを万城目から聞いた一の谷は、根が違う場所に現れることを予測した。その予測どおり、丸の内の地下街で、動く巨大な根が人間を襲い始めた。万城目は、現場に駆けつける。

破

　万城目と一平は根に襲われる人を救出し、根の一部を手に入れた。警察は緊急事態を認識、政府は植物の退治に動き始め、東京広告をはじめとする丸の内のオフィスでは大急ぎの避難がはじまっていた。万城目たちは避難を助けるが、東京広告の入ったビルが崩れ始め、一平と道子が逃げ遅れてしまう。そして源田博士が植物の研究時間が欲しいと主張するなか、ビルを突き破って、ついにマンモスフラワーが姿を現した。

038

本エピソードは丸の内での万城目たちの会話に、キャラ設定の説明が滑り込まされているところが印象的。また、一の谷研究所の有名なカットも登場する。その外観は、伊福部昭の師匠格の音楽家、山田耕筰の自宅である。またマンモスフラワーの動と静、地中の根と地上の花、その演出のコントラストにも注目したい。

人々が見上げるなか、マンモスフラワーがその巨大な花を開いていく。そして開花したマンモスフラワーは、もうひとつの恐ろしい力を見せ始めた。毒性の強い花粉を、大量に放ち始めたのだ。ビルに突入した自衛隊員が、その花粉にやられていく。そんな惨状を目の当たりにした源田博士が炭酸ガス固定剤の使用を提案した頃、一平たちは救出され、やがて万城目のセスナでの固定剤の散布が開始された。

*C*haracter

巨大植物 ジュラン

JURAN：全長100m（根の中心から花芯までの長さ）　重量3000 t

　丸の内の地底で復活した、有史以前の植物。突然変異的に巨大化したとも考えられており、具体的な植物の種などは不明。仮に、マンモスフラワーと名づけられている。最初は丸の内の地下に埋まる球根から半径100m以内を根が活動、岩盤を破壊して地震を起こしていたが、やがて根は人間をからめ捕り無数のトゲで血を吸い始めてしまう。最後は丸の内のビルを突き破って茎を伸ばし、大きな花を咲かせることになった。根から逃れれば大きな危険はないと思われていたが、天空にそびえたつ巨大な花が人間心理に与えるマイナス効果は絶大で、繁殖した場合の被害は、想像を超えるだろう。

お堀にうごめく根は東宝スタジオの大プールで撮影されており、カットによってお堀付近の実景と合成されている。根の造形物は本編用のものと特撮用のものが別に製作されたようで、よく見ると表面処理に違いがあることがわかる。

　梶田興治が「ファンタスティック」に仕上がったという本エピソードだが、円谷英二は花が開くシーンに最もこだわりをもっており、川上景司にリテイクを数回命じている。開花は、作画合成で表現された。

害かと思われた花だが、これにも恐ろしい武器が備わっていた。花粉が、人間う。毒性があり、人に触れると蜘蛛の巣のような状態に変化してしまう。

脚本では、マンモスフラワーの退治は火炎放射器のみでおこなわれていたが、梶田の発案で、炭酸ガス固定剤を併用して花を窒息させるように変更された。

制作№14（脚本№15）　1966年1月30日放送　脚本／山田正弘　特技監督／川上景司　監督／野長瀬三摩地

日本基地に到着しようとしている南極観測船たか丸に、万城目の姿があった。そのたか丸の上空を黒煙が通り過ぎると、突然船のエンジンが止まって無電もレーダーも役に立たなくなった。日本基地に到着しても南極越冬隊を異常な寒波や怪現象が襲う。3年前の越冬時に野村隊員が行方不明になった理由を探る万城目は、久原とともに巨大な怪獣を目撃、やがて氷原で再び怪獣に遭遇した。野村の手帳にあった、ペギラだ。その夜、ペギラが日本基地へと迫ってくる。

特殊技術部
撮影　高野宏一
照明　堀江養助
美術　成田亨
操演　石井清四郎
光学撮影　中野稔

出演者

佐原健二

田村奈己

松本克平

森山周一郎
　伊吹徹
　黒木順

石島房太郎
岡豊
今井和雄
清野弘幸
　プロデューサー　石坂浩二

監修　円谷英二

脚本　山田正弘

特殊監督　川上景司

撮影　内海正治
照明　小林和夫
美術　清水喜代志
操演　キヌタ・ラボラトリー

監督　野長瀬三摩地

音楽　宮内国郎
編集　兼井玲子
記録　吉高勝之
助監督　真木照夫

制作
円谷プロダクション

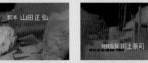

久原羊子（田村奈己、現・奈巳）

日本基地初の女性越冬隊員で、ドクター。行方不明の野村隊員の婚約者で、野村のために「故郷の土」を持ってきた。

天田隊長（松本克平）

南極日本基地の隊長で、万城目が特別取材で乗船したのではないことを知っていた。ものわかりのいい、良き責任者である。

池田（森山周一郎）

久原を万城目たちとともに追い、氷原でペギラに襲われる。真面目な性格の中堅の隊員といった印象がある。

伊東（伊吹徹）

寒波の中、物資の搬入をするため雪上車で作業に赴いた隊員。雪上車が舞い上がり行方不明になるが、自力で戻ってきた。

木(黒木 順 声・内海賢二)

冬隊の副隊長で、理論家。舞い上がる
車や万城目のペギラ目撃談に懐疑的。
ラ迎撃の際は、少々あわてている。

富士井船長(石島房太郎・中央)

たか丸の責任者で、南極の異常寒波に対
応して出発を早めようと主張、天田と対立
する。船には船の任務があると語る。

井上(岡 豊)

日本基地の隊員で、今井和雄ずる隊員
とコンビ的な印象。ペギラへの観測ロケッ
ト発射の際も、制御装置を操っている。

脚本の山田正弘が、怪
獣ものも書くように言わ
れ、「しかたなく」執筆し
たという作品。その内容
からドラマはオールセッ
トで撮影されており、雪
や氷には発泡スチロール
と塩が使用されていた。
当時の南極観測ブームが
反映されており、生きて
いた犬も、「三郎」である。
今回ペギラを退治するペ
ギミンHがスポンサー判
断でオミットされなかっ
たのは、怪獣を倒すいい
薬だからだそうだ。

序

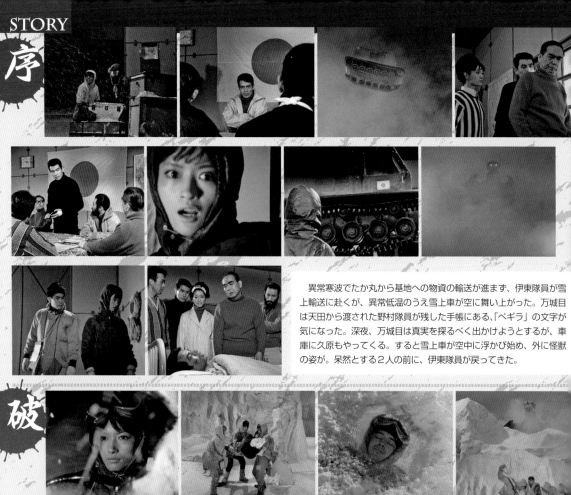

異常寒波でたか丸から基地への物資の輸送が進まず、伊東隊員が雪上輸送に赴くが、異常低温のうえ雪上車が空に舞い上がった。万城目は天田から渡された野村隊員が残した手帳にある、「ペギラ」の文字が気になった。深夜、万城目は真実を探るべく出かけようとするが、車庫に久原もやってくる。すると雪上車が空中に浮かび始め、外に怪獣の姿が。呆然とする2人の前に、伊東隊員が戻ってきた。

破

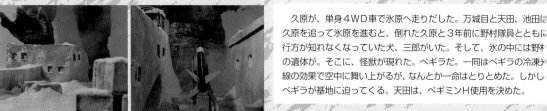

久原が、単身4WD車で氷原へ走りだした。万城目と天田、池田に久原を追って氷原を進むと、倒れた久原と3年前に野村隊員とともに行方が知れなくなっていた犬、三郎がいた。そして、氷の中には野村の遺体が。そこに、怪獣が現れた。ペギラだ。一同はペギラの冷凍線の効果で空中に舞い上がるが、なんとか一命はとりとめた。しかしペギラが基地に迫ってくる。天田は、ペギミンH使用を決めた。

HIGHLIGHT

今回は全編がセットで撮影され、それだけに比較的大きな予算が費やされている。このエピソードの監督は、東宝で助監督を務めていた野長瀬三摩地で、船が揺れるシーンのために揺れる仕掛けを施した船室まで作ったという。野長瀬は1分の1の雪上車やロケットを用意し、セットとミニチュアワークのカットを重層的に組み合わせ、ときにマスク合成も活用、みごとに南極を映像化している。

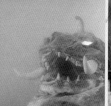

万城目たちは、ペギラがぎりぎりまで近づいたところで、ペギラが苦手と思われるペギミンHを詰めた気象観測用ロケットを撃ち込むべく、管制室で待つ。「早く撃て！」とあせる鈴木らを抑え、万城目はペギラを100メートルまで近づけてロケットを発射させた。黒煙とともに、ペギラは逃げ去っていく……。野村の墓ができ、そこに久原が故郷の土をまく。万城目を乗せ、帰路についたか丸。

冷凍怪獣 ペギラ

PEGUILA：身長40m　体重2万t

　南極に生息する生物で、野村隊員がペギラと名づけた理由は不明。海棲哺乳類の変異した怪獣とも考えられ、中心点が零下130度に達する冷凍光線を口から吐く。その際、反重力現象が起こり、周辺のものを空中に巻き上げてしまう。南極のコケに含まれるペギミンHが弱点である。演技者は清野弘幸。

　初めて視聴者の目に触れた、高山良策の手による怪獣だ。その目は、特徴ある「高山目」。ふだんは三白眼のようだが、演出意図に応じて、カッと見開くように製作されており、ギミックが日本基地襲撃場面で効果的に生かされている。なおペギラのデザインは、井上泰幸のものを成田亨がリライトしたもの。

ペギラは、飛行能力をもつ。その際に黒煙を出すのが特徴だが、これは空を飛ぶ描写をどうするのかと問われた野長瀬が発案したものだということだ。

本書の扉にも使用しているこの写真は、小社の月刊誌『ぼくら』の表紙用に撮影されたもの。なお、このページのメインスチールは、1966年3月26日〜4月3日、銀座の松屋デパートのイベントで展示されたときのもの。

冷凍光線は、ガスを噴出させることにより表現されている。浮かぶのは、ミニチュア。

当初、万城目は特別取材と偽って越冬隊に同行。手帳から推測するに、野村隊員は、夜に出現する習性のあるペギラを目撃、その調査に向かって冷凍光線の餌食となってしまったようだ。

ペギミンHを含むコケを食べたアザラシは、死亡したという。海棲哺乳類には、かなりの毒性をもった物質らしい。

制作No.11（脚本No.8）　1966年2月6日放送　脚本／山田正弘　特技監督／小泉一　監督／河崎義祐

高野宏一
堀江義朗
渡辺明
中野稔

出演者

佐原健二

西條康彦

桜井浩子

二瓶正也
当銀長太郎
中村和夫

大泉滉
破野秋雄
大友伸
吉田後彦

清子
星　和磯夫
井俣俊
竜　昌弘

監修　円谷英二

育てよ! カメ

脚本　山田正弘

特技監督　小泉一

撮影　内海正当
照明　小林和夫
美術　池谷仙克
録音　ヤマナカスタジオ

音楽　宮内国郎
編集　氷見正久
助監督　沢田一郎
　　　　満田穧

監督　中川曙迪

特技　アシスト明光プロダクション

空想癖のある少年、浦島太郎は、カメが全長99㎝に成長すると竜宮城へ連れて行ってくれると思い込み、その飼育に「入れあげて」いた。そんなある日、学校の屋上でマシンガンによる銀行強盗を目撃。理科室で逃げ込んだ強盗と鉢合わせしてしまう。強盗にカメが食いついていたため太郎は強盗についていき、強盗のペースをさんざんに乱したあげく、ついに成長したカメに乗って竜宮城へたどりついた。だがそこにいた乙姫は美女ではなく、こまっしゃくれた少女だった。

佐東（二瓶正也）

マシンガン強盗の主犯格。太郎がマシンガンの銃口をのぞくことに異様にビビる。警官隊と、鬼ごっこを繰り広げることに。

教師（大泉滉）

太郎を嘘つきと決めつけている小学校の教師で、そのカメバカぶりに辟易している。根は、悪い人物ではない様子だが。

内田（当銀長太郎）

逃走のために逃げ込んだトラックの荷台で、佐東のズボンに食いついたカメをどうにかしようとする。気は強くない。

浦島太郎（中村和夫）

担任から「虚言癖がある」と決めつけられた、夢見がちな5年2組の少年。絵本を自作しており、どうやら浦島太郎の子孫。

太郎の父（磯野秋雄）

母親（星　清子）とともに、神隠しにあった息子を案じつつも、「ランドセルを忘れても、餌とカメの帳面は忘れない」と断じていた。

山田正弘が、準備稿の「タローの絵本」は大人にしかわからないと判断し書き直した一編で、タイトルは本来は「浦島太郎の末裔」だったという。「育てよ！ カメ」は仮に付けていたものなのだが、それで進行されてしまったらしい。本エピソードはオープニングに太郎のモノローグのあるものとないものが存在するが、脚本ではモノローグの指示があるので、モノローグ版が正式だろう。決定稿ではラストシーンで、太郎はクラスメートにカメの飼育の指導をしている。なおこの作品は、撮影時期に東京美術センターのスタジオに空きがなく、松竹の大船スタジオで撮影されたという説がある。

育てよ！カメ

ウルトラQ

NO. 8

制作 TBS・円谷プロ

郡(大友 伸)

シンガン強盗の捜査中、小学校内で太□ランドセルやカメの餌を発見した。太□捜索の手配を行う。

乙姫(立石愛子)

なにもない竜宮城で、ブランコに乗っている。ミサイルや竜で太郎をさんざんな目にあわせて、ケタケタと無邪気に笑う。

序

　カメを探す太郎は、強盗のズボンにカメが食いついていたため、逃げる強盗についていってしまう。両親や担任が騒ぐのをよそに、太郎は並外れた無邪気さでマシンガンを発砲し、強盗を追いつめていく。警官隊からなんとか逃れた強盗は下水道に逃げ込むが、カメが離れないためそこにも太郎はついてきた。気がつくと、カメが99cmに成長している。それに驚いた強盗は逃げ出し、警官に逮捕されてしまった。

破

　強盗は警官に大ガメのことを訴えて下水道にやってくるが、すれ違いで太郎はカメに乗って竜宮城への旅に出たあとだった。カメに乗っていい具合に空を飛ぶ太郎は、東京上空を猛スピードで抜け、駿河あたりで海へと飛び込んだ。そして、ふと気づくと太郎は、なにもない空間にいた。ブランコに乗る少女が乙姫だと聞いた太郎は失望し、□の小瓶が原爆だというと、それがほんとうに爆発してしまう。

太郎が自分で描いていた「ぼくの空想竜宮旅行」。カメが99cmに成長し、乙姫に熱烈歓迎される様や、ごちそうの歓待ぶりが描かれていた。なんと、使う召し使いは5万人だ。たわいもない絵本だが、ここに山田、監督の中川晴之助の狙いのひとつがある。苦い現実を描こうとする山田、子供との対比のなかで大人の夢のなさを批判する中川。『ウルトラQ』の幅の広さが再認識できる一編といえよう。

一生懸命カメを育てても竜宮城は空虚な空間で、大人は話を信じてくれない。無駄なことをしたと思う、大人の世界を早くも体験した太郎。だが、クラスメートは太郎に続こうと奮闘する。このラストで、山田は現実の苦さを表現しようとし、中川は子供たちの大人に対する一種の仕返しを描こうとしている。この絶妙なバランスが、素晴らしい。

怒った太郎は、ミサイルで飛んでいく乙姫をカメで追いかける。だがミサイルはたちまち竜に姿を変え、太郎たちを光線で攻撃した。かなわない太郎が「もう嘘はいわないよ」と乙姫に約束すると、ボロボロの太郎はもとの姿に戻り、乙姫から土産箱を受け取った。太郎は現実世界へ帰り竜宮城のことを話すが、大人はみんな取り合わない……。そしてまた日常、クラスの子供たちは、みんなカメを育てていた。

Character

大ガメ ガメロン

GAMERON：全長99㎝　体重1t

クロレラとさつまいもの粉にレモン汁を絞った、太郎特製の餌で育った大きなカメ。99㎝になった段階で太郎を乗せて竜宮城へと向かうが、最終的には1.6mになったようだ。マッハ3もの高速で飛行し、甲羅の中になぜか計器が隠されている。壁を通り抜けることができるなどの特殊能力はあるが、戦闘力はない模様。太郎に対してとくに感情的なものを感じさせる描写もなく、鳴くこともない。竜宮城に残ったのか、竜との空中戦ののちは二度とその姿をみせることはなかった。演技者は福留幸夫。

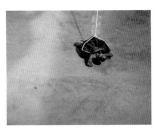

カメは律義な性格らしく、太郎に呼ばれると戻ってくる。右は、甲羅の中の計器で、ちゃんと漢字で「速度」と書かれているのがすごい。

太郎はカメを非常に大切にしていたが、意外なことに名前はなく、「カメ」としか呼んでいない。太郎にあったのは、カメへの愛着ではなく、竜宮城へ行く目的意識のみだったのか。

カメに乗ってと、マッハ3の。でも、水中でも詰まるようなこないようで、こすごいといえばい性能である。

竜宮城での乙姫との追いかけっこの撮影中。カメ側面が、よくわかる。飛行シーンのときは、演技者入らないようだ。

Character

怪竜

全長20m　体重500t

乙姫が乗ったミサイルが、姿を変えた強力な
竜。乙姫は海神、竜王との関係が取りざたされ
る存在なので、その出現はもっともといえよう。
始めはその背中に乙姫が乗っていたが、すぐに
その姿は消え、圧倒的な戦闘力でカメと太郎を
攻撃することに全力を傾注する。

ミサイル

太郎をバカにするかのような乙姫が乗った兵器で、マッハ3以上のスピードが出るようだ。チューインガムを膨らませる乙姫はケタケタと笑い、「イーッ」と余裕。

竜もとくに鳴き声などはなく、稲妻状にも見える光線を吐いて、太郎とカメを撃墜してしまう。光線は、衝撃は大きいようだが殺傷効果はないように見受けられる。この竜の造形物は、東宝映画『海底軍艦』に登場したムウ帝国の怪獣、マンダを流用したもので、その大きさがわかり興味深い。

出演者

佐原健二

西条康彦
桜井浩子

金井 大
本郷 淳
高嶋英志郎

市川和子
花房 正
山崎二郎
立花里美

監修 円谷英二

特技 チック タック
助監督 中村晴吉
クレーン 石坂浩二

脚本 金城哲夫
千束北男

特技監督 的場 徹

照明 長谷川清
撮影 小林和夫
美術 清水喜代志
現像 キヌタラボラトリー

監督 飯島敏宏

音楽 宮内国郎
編集 飯塚秋子
制作担当 守田康司

制作 TBS
円谷プロダクション

第7話 SOS富士山

制作No.27（脚本No.26） 1966年2月13日放送 脚本／金城哲夫・千束北男 特技監督／的場 徹 監督／飯島敏宏

由利子が一平を連れて、富士火山研究所の早川技官を訪ねた。早川は、富士山噴火説を唱えていたのだ。だが一平は、早川と駐在の横山巡査の会話から樹海のターザン、タケルの存在を知り、由利子にタケルの取材を提案する。そんな頃、温かくなっている吉野のお池から大岩が飛び出してきた。大岩は爆破され樹海に捨てられたが、タケルは夜、脈打って光る岩を中心に岩が合体、岩怪獣になるところを目撃して、その怪獣に襲われる。翌日、タケルは横山に救われるが……。

横山（金井 大）

「日ごろホラばかりふく」と自ら認める、駐在。木に足を挟まれたタケルを助けるが、ともに洞窟に閉じ込められてしまう。

早川（本郷 淳）

富士火山帯が活発化していることから、富士山の噴火を予測。吉野の集落とタケルに、横山を通じて避難を呼びかける。

タケル（高嶋英志郎）

4歳のときに樹海で行方不明になり、樹海で育った自然児。岩怪獣の中心部を目撃しており、そこを狙って怪獣を倒す。

光子（市川和子）

タケルを、15年近く前に行方不明になった弟だと信じ、樹海に近いホテルに従業員として勤め、タケルを見守っていた。

子供たち

早川や横山に注意されても、手製のロケットの実験をやめない。次郎、金太、ソノ子、スルメ、ヒゲの5人組。

岩石処理隊
（晴乃チック・左 晴乃タック）

飛び出して、道をふさいだ大岩を爆破する。子供のフーセンガムの破裂に引っ張られ、発破を爆発させてしまう。

ウルトラQ

ゴルゴス

製作
TBS・円谷プロ

写真は脚本の準備稿で、タケルと少年の友情物語になっている。このエピソードは飯島敏宏が「地底超特急西へ」と併行して監督した『ウルトラQ』最後の作品で、タケルと岩怪獣の対決シーンは、トラックの荷台に岩怪獣の造形物を乗せて横浜市のこどもの国を走らせて撮影されたものだ。なお、今回、由利子が乗る車はダットサンSR311である。

序

早川は噴火が近いと焦るが、横山巡査が村人に信用がないため、避難は進んでいなかった。タケルのネタに魅かれた由利子は、光子の話を聞くことにし、その一方で、一平は樹海でタケルの人並み外れた身体能力を目撃する。吉野のお池から、大岩が飛び出した。大岩には、光って脈打つ不思議な部分がある。大岩は爆破され、その破片はあたりに散らばった。ごく普通の岩に思われたのだが。

破

爆破のタイミングを間違えはしたが作業は終了し、岩の破片は樹海に捨てられた。それを見ていたタケルは夜、岩怪獣が誕生するさまを目撃し、怪獣に襲われて足を木に挟まれてしまう。万城目が現地に駆けつけ、光子も加えた一同がタケルに会おうと樹海へ来たとき、横山がタケルを救っていた。だが岩怪獣のために2人は洞窟に閉じ込められてしまい、万城目たちも進退きわまっていた。

HIGHLIGHT

本エピソードは、現在においても類をみない、人間対怪獣の直接対決が最大の見どころとなる破天荒な展開が魅力的な一編。それだけに、要所要所に挿入されたオプチカルプリンターによる合成シーンが、人間と怪獣の大きさの差を印象づけ、絶妙な効果を発揮している。怪獣が手前で人間が奥の構図、人間が手前で怪獣が奥の構図、人間と怪獣が横並びの構図と、さまざまな組み合わせが映像に深みを与えているのだ。

怪力で洞窟の入り口をふさぐ岩をずらしたタケルは、岩怪獣との対決を決心した。万城目たちを逃がすと怪獣に向かって突進し、怪獣の体をよじ登る。そのとき、富士山が熱を発しない「冷たい噴火」を起こした。迫りくる雪崩。怪獣は暴れるが、タケルは怪獣の光る核を横山の拳銃で狙い撃ち、勝利。タケルの道案内で万城目たちは難を逃れ、怪獣は雪に埋もれていく。そしてタケルは、文明社会へと帰るのだった。

終

Character
岩石怪獣 ゴルゴス
GORGOS：全長40m　体重10万t [岩怪獣]

　巨大な岩が爆破され、その破片が光り脈打つ核を中心に合体（再構成）した、不思議な岩の怪獣。地底や水脈などの温度が高くなったため出現したとも推察できるが、真相は不明。岩の塊であるため体重は重く、怪力の持ち主でもある。準備稿の段階では「ゴルゴス」と呼ばれているのに、実作品では名は呼ばれず、岩怪獣とのみ表記されている。演技者は、ブースカで知られている中村晴吉である。

これが、岩怪獣の背中で光り脈打つ核
の出自や生命システムはまったくの不明
タケルに撃たれて活動を止め、さらに空中
放り投げられたうえでもう一度撃たれて、
なこなになってしまった。

　吉野のお池から飛び出す大岩と、爆破されたあとの核。核が岩の破片を呼び寄せるように集めて、怪獣の体を形作ったようだ。そのため、核がなくなったあとの体は、単なる岩の集合体にすぎなくなるのだ。なぜか、口から、やたらと蒸気を吐き出す。

岩であるため、横山の銃撃にもびくともしない。
怪獣の造形は、高山良策。重量感があるが、着
ぐるみの重さは、見かけほどではなかったようだ。

ープンでのあおり構図が印象的に生かされており、映像に変化をつけて
この岩怪獣の声は、ゴジラのものが流用された。

第8話 甘い蜜の恐怖

制作No.10(脚本No.10) 1966年2月20日放送 脚本／金城哲夫 特技監督／川上景司 監督／梶田興治

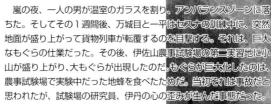

嵐の夜、一人の男が温室のガラスを割り、アンバランスゾーンに落ちた。そしてその1週間後、万城目と一平はセスナの訓練中に、突然地面が盛り上がって貨物列車が転覆するのを目撃する。それは、巨大なもぐらの仕業だった。その後、伊佐山農事試験場の第二実習地に小山が盛り上がり、大もぐらが出現したのだ。もぐらが巨大化したのは、農事試験場で実験中だった地蜂を食べたためだ。当初それは事故だと思われたが、試験場の研究員、伊丹の心の歪みが生んだ事態だった。

出演者

佐原健二

江川宇礼雄

西條康彦
桜井浩子

沢井桂子

黒部 進

岩下 浩
池田生二

熊谷卓三
馬渕 功

草間璋夫
篠原正記
中島春雄

宇留木耕嗣
加藤茂雄
福智幸雄

清水 元

監修 円谷英二

脚本 金城哲夫

撮影 内海正治
照明 小林和夫
美術 清水喜代志
録音 キヌタラボラトリー

音楽 宮内国郎
編集 氷見正久
助監 沢田一郎
進行 満田 務

特殊技術
　高野宏一
照明 堀江養助
美術 渡辺 明
操演 石井清三郎
光学撮影 中野 稔

特技監督 川上景司

監督 梶田興治

製作
円谷プロダクション

長谷川愛子 (沢井桂子)

長谷川場長の娘で、木村のフィアンセ。落ち込む木村を勇気づけようとする、今回の事件のキーマンの一人といえよう。

木村重夫 (黒部 進)

地蜂の巣が何者かに荒らされたことで、重大な事態が起こるのではと悩む。ハニーゼリオンを開発した研究員。

伊丹一郎 (岩下 浩)

木村が学会で注目を浴びること、そしてなによりも愛子が木村と結ばれることが許せず、温室にもぐらを入れてしまう。

吾作 (池田生二)

農事試験場の雑用係の老人。嵐の夜、伊丹がハニーゼリオンを培養していた温室から出てくるところを目撃していた。

甘い蜜の
恐怖
ウルトラQ
NO. 10
制作 TBS・円谷プロ

怪獣というよりは、当時のアメリカ映画に多かった巨大化生物を狙って制作されたエピソード。「青葉くるみ」と同様に、今回のストーリーのキーになる物質「ハニーゼリオン」も、撮影時は「ラゼリー・B・ワン」という薬品で、これもアフレコの際に変更されている。

令(熊谷卓三)

もぐら対策の責任者で、自衛隊の戦車、地対地ミサイルなどを指揮する。大もぐらに、激しい火器攻撃を敢行する。

村人B(馬渕 功・キャップの人物)

伊佐山農事試験場付近の村の農業従事者。試験場の研究がもぐらを大きくしたと知り、仲間とともに責任者の場長につめよる。

長谷川場長(清水 元)

伊佐山農事試験場の責任者で、一の谷とは同い年で友人。温厚な人物で、大もぐら事件の責任を痛感していた。

序

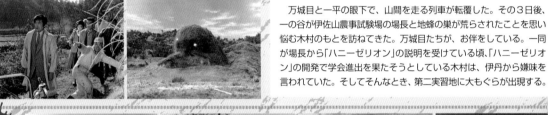

万城目と一平の眼下で、山間を走る列車が転覆した。その3日後、一の谷が伊佐山農事試験場の場長と地蜂の巣が荒らされたことを思い悩む木村のもとを訪ねてきた。万城目たちが、お伴をしている。一同が場長から「ハニーゼリオン」の説明を受けている頃、「ハニーゼリオン」の開発で学会進出を果たそうとしている木村は、伊丹から嫌味を言われていた。そしてそんなとき、第二実習地に大もぐらが出現する。

破

大もぐらはあたりを荒らし、地中に姿を消した。被害者の農民に襲ってかかられる場長と木村。いっぽう温室を調査する由利子は、事態を人為的なものだと推理、吾作の証言でそれが伊丹の仕業だと判明する。伊丹は逃走し、「自分のしりぬぐいは自分でやる」と大もぐらの孔内でダイナマイトを爆発させる。瀕死の伊丹は木村に愛子への愛を告白し、絶命。そして、自衛隊による大もぐらへの総攻撃が始まった。

HIGHLIGHT

「甘い蜜の恐怖」の見どころは、木村と愛子のロマンスはあるものの、巨大生物と人類の攻防を軸にドラマが展開する点で、自分がしでかしたことを実感する第二実習地での伊丹の表情も見逃せない。映像的な収穫は、縮尺の小さい俯瞰ショットの鉄道のミニチュアと、縮尺の大きい転覆する貨物車。それと、大もぐらの穴を見やる人々の作画合成のカットだ。終盤の大もぐら攻撃シーンは、『空の大怪獣ラドン』のライブフィルムも挿入され、迫力満点。

　巣から孔道の入り口へと姿を現した大もぐらに、自衛隊の火器がいっせいに放たれる。M4中戦車群の大砲が火を噴き、地対地ミサイルが、次々と発射されていく。さすがの大もぐらも圧倒的な火力に悲鳴を上げ、本能にしたがってどこまでも深く地中に潜っていく。あたりに地震が起き、土地が陥没し始めた。大もぐらは、富士火山帯の火山地層に衝突したのだ。大もぐらも、ついに最期を迎えた。

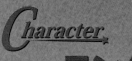

もぐら怪獣 **モングラー**

MONGULA：全長50m　体重2万t〔大もぐら〕

ローヤルゼリーの数百倍の効力をもつ「ハニーゼリオン」は、地蜂（クロスズメバチ）をこんなに巨大に成長させる。農事試験場の温室で地蜂の女王蜂やさなぎを使って培養されていたが、木村を妬む伊丹によって原液がもぐらに蜂ごと食べられてしまった。

「ハニーゼリオン」によって数百倍に巨大化したもぐら大きめの牙があること以外は普通のもぐらとの形状的異はないようだ。もぐらの本能・性質はなんら変わっないため、晴天の日中は巣に潜んでいる。その巣は出た伊佐山農事試験場の第二実習地から半径１キロ以内在することが予想され、県警によって探し出された。の爪は大きく鋭利であり、一撃でパトカーを粉砕してうほどで、地中に巨大でかなり長い孔道を掘っている技者は福留幸夫。

着ぐるみの製作者は不明であるが、単なるもぐらに怪獣の印象をもたせる苦労があったようだ。もぐらなのに目が光っていることが不思議だが、それは伝統ということで、劇中では「大もぐら」としか呼称されておらず、対策本部の看板にもそう書かれている。なお、声はライオンの声を加工したものである。

第9話 クモ男爵

制作No.13（脚本No.13）1966年2月27日放送　脚本／金城哲夫　特技監督／小泉一　監督／円谷一

特殊技術
監修：高野宏一
照明：堀江愛助
美術：井上泰幸
操演：石井清四郎
光学撮影：中野稔

出演者

佐原健二

若林映子

西條康彦
桜井浩子

鶴賀二郎
永井柳太郎
岩本弘司

滝田裕介

灯台の職員が巨大な蜘蛛に襲われた霧の深い夜、パーティの帰りに道に迷った万城目たちは、灯台からそう遠くない沼の中に建つ無人の古い洋館で夜を明かすことにした。蜘蛛の巣だらけの屋敷の雰囲気から、万城目は90年ほど前の「クモ男爵の館」の話を語る。女性陣はそれを万城目の作り話だと相手にしないが、はたしてそこは巨大な蜘蛛が棲む館だった。万城目を、蜘蛛が襲う。

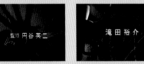

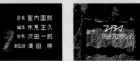

撮影 内海正治
照明 小林和夫
美術 清水喜代志
現像 キヌタラボラトリー

音楽 宮内国郎
編集 氷見真人
効果 沢田一郎
助監督 満田拷

特殊監督 小泉一

監督 円谷一

制作 TBS
円谷プロダクション

今日子（若林映子）

葉山の恋人らしき女性で、デザイナー。竹原のために台所に水を汲みに行くが、そこで蜘蛛に襲われてしまう。

竹原（鶴賀二郎）

一平とともに沼にはまり、冬の寒さのために高熱を発してしまう。準備稿では昆虫学者だが、実作品では不明である。

竹井（岩本弘司）

灯台の灯りがおかしい（蜘蛛のせい）と連絡を受け、調べに行き蜘蛛に襲われる。おそらくは絶命したと思われる。

灯台台長（永井柳太郎）

蜘蛛に襲われる竹井の声を聞いて駆けつけるが、巨大な蜘蛛を見て仰天。その後は不明だが、おそらく襲われたのだろう。

葉山（滝田裕介）

由利子からはその作品が酷評される画家で、万城目の友人。若干不真面目なきらいはあるが、人は悪くない様子である。

登場人物が8人のみというゴシックホラー的な一編だが、脚本の執筆時期は「ゴメスを倒せ！」の直後で、完全に『ウルトラQ』となってからの作品。蜘蛛になった人間の執念の恐ろしさと悲しさが描かれている。準備稿ではクモ男爵とその娘が登場、実作品とは異なり蜘蛛が人を咬み、死には至らないものの葉山の具合が悪くなってしまう。

序

一平と竹原が沼に落ちたため、一行は今日子が見つけた洋館に泊まることにする。「蜘蛛の館は火事ですぞ」葉山のいたずら心を刺激するほど、蜘蛛の巣だらけの屋敷だ。屋敷内を探る万城目に、天井から蜘蛛が襲いかかってくる。間一髪難を逃れる万城目だが、由利子たちは巨大な蜘蛛の話を信じない。洋酒を見つけた葉山が新しい洋酒を取りに倉庫に向かうと、そこで蜘蛛が葉山に襲いかかる。

破

一平が吹く陰鬱なオカリナの調べが響き、一同は落ち着かない。そこに葉山の悲鳴。万城目たちは倉庫へ向かい、今日子は水を汲むために台所へ行く。誰もいない部屋で竹原を蜘蛛が狙っている。だが、台所でも今日子が蜘蛛に襲われた。竹原に迫る蜘蛛を、万城目と一平がなんとか倒し、蜘蛛の糸だらけの今日子も、難を逃れることができた6人は洋館から逃げ出すが、生き残った蜘蛛が一同を追う。

緻密に作り込まれた洋館のミニチュアが出色のエピソードで、葉山が「ダリ的」と評するシュルレアリスムな美術品がムードを盛り上げる。洋館内のセットもよくできており、理屈は不明だが、一平の音がやまないオカリナも小道具として秀逸だ。

必死の思いで車に乗った万城目たちだったが、万城目の車だけ、なかなかエンジンがかからない。蜘蛛はどんどん車に近づいてくる。ようやくエンジンがかかり、ボンネットまでよじ登ってきた蜘蛛をバックして落下させた万城目は、ノクセル全開、蜘蛛を轢いて右脚を全壊させた。それと同時に、洋館が音を立てて崩れ始める。暖炉の火が燃え移り炎に包まれた館は、沼に沈んでいくのだった。

Character.

大ぐも タランチュラ

TARANTULA：全長2.5m 体重120kg

東京近郊と思われる、灯台にほど近い森の沼に囲まれた洋館に生息する巨大な蜘蛛。90年ほど前に実在した、多数の蜘蛛をコレクションしていた「クモ男爵」とあだ名された貴族と関係があるらしく、もしかするとタランテラという毒蜘蛛の毒で死亡したが、タランテラに変身して蘇ったという男爵の娘かもしれない。劇中、蜘蛛は2体確認できるので、もう一体は娘の死で精神を病んだといわれる男爵の可能性がある。

蜘蛛の造形は、東宝特殊美術課と思われる。蜘蛛は操演と呼ばれる技法、つまり多数のピアノ線で操る技術で、なかなか生物感のある動きを実現させている。現在のデジタル画像ではピアノ線は見えてしまうが、当時のアナログ映像では見えない。

洋館には、多数の蜘蛛の標本があり、もしかするとクモ男爵のコレクションなのかもしれない。伝説と現実の狭間、気味悪いがきれいで哀しい、そんなゴシックホラーの定番を成立させるうえで、重要なアイテムとして機能している。

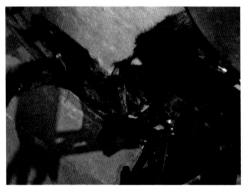

蜘蛛は、設定では猛毒をもっているのだが、劇中では毒を使っていない。口から糸を吐き、人間をからめ取ろうとする。

蛛は、人間に戻りたくて人を襲うのかもしれないと
ーションで示唆されているが、もと人間なのだとす
、ドラマの流れから、この2体目が男爵であろう。

逃げ出した万城目たちを追う。娘を殺した一同への
憎しみで、追ってくるのか。単なる巨大な虫ではなく、執
念とでもいうものが感じられる演出である。

水の上を走ることができるのも、蜘蛛ゆえである。こ
のような描写も、蜘蛛の不気味さや恐ろしさを増幅する
という狙いがあり、それは、成功している。

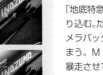

制作No.28(脚本No.26) 1966年3月6日放送 脚本／山浦弘靖・千束北男 特技監督／的場 徹 監督／飯島敏宏

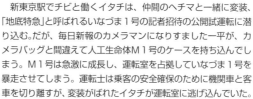

新東京駅でチビと働くイタチは、仲間のヘチマと一緒に変装、「地底特急」と呼ばれるいなづま1号の記者招待の公開試運転に潜り込む。だが、毎日新報のカメラマンになりすました一平が、カメラバッグと間違えて人工生命体M1号のケースを持ち込んでしまう。M1号は急激に成長し、運転室を占拠していなづま1号を暴走させてしまう。運転士は乗客の安全確保のために機関車と客車を切り離すが、変装がばれたイタチが運転室に逃げ込んでいた。

ウルトラQ No.26
地底超特急西へ
制作 TBS 円谷プロ

西岡主任 (石川 進)

運転指令室の責任者。記者団へのいなづまの説明も担当するが、やや頼りない。拍手を強要するなど、尊大な面もみせる。

相川教授 (塚本信夫)

星川航空に、M1号の入ったケースを4時間以内に大阪に運んでほしいと依頼にきた。なぜか、万城目が商談の応対をする。

イタチ (山村哲夫)

本名は、林田健太郎。新東京駅で靴磨きを営む9歳。少々風邪気味で、鼻をこする。江戸っ子で、口が悪いのは生まれつき。

ヘチマ (青柳直人)

新東京駅のスナックコーナーの14歳のボーイ。柳井長太郎が本名で、新聞を見て「断じてやる」と決意、いなづま1号に潜り込む。

小山運転士 (奥村公延)

M1号の最初の目撃者。車掌をさしおいていなづま1号のピンチに主導的に行動、「南無八幡大菩薩」と、機関車を切り離す。

K紙記者 川田 (松山照夫・右から2人目)

「聞いたぜ聞いたぜ」とM1号のボンベを撮影、そのときのフラッシュ光がM1号の急成長のきっかけになってしまった。

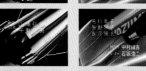

本作は「SOS富士山」とともに、『ウルトラQ』最後の制作となったエピソードで、1965年12月に撮影されている。脚本・監督を担当した飯島敏宏によると、最初からコメディを意図して作った作品ということで、M1号もそこからの発想だという。ラストだが、予定では保管ロッカーから出てきたイタチの目が回っているので星空がくるくる回って見えるというものだったが、撮影直前にテレシコワのパロディに変更したのだということだ。

序

西岡の長すぎる説明に、飽きる記者たち。ようやく、新東京駅の地底ホームにいなづま1号が入ってきた。二人羽織の要領で、イタチとヘチマもいなづま1号に乗り込む。星川航空事務所ではケースの中身がカメラであることに万城目と相川が驚き、一平もまんまと由利子と同席するが、ケースの中身がM1号で驚く。だが、西岡に連絡が入り、M1号は確保された。川田が写真を撮るが、人工生命は……。

破

　ヘチマはへまをして乗務員Aに捕まるが、「忍法イタチ隠れ」でイタチは逃げ切った。そんな頃、保管ロッカーから出てきた奇妙な生物に山は腰を抜かしていた。M1号が誕生したのだ。M1号は運転室にすわり、そこにイタチも現れる。M1号が機械をいじり始め人工頭脳ユニットが壊され、いなづま1号の制御が不能になってしまった。山が機関車を切り離したが、イタチは運転室に取り残されている。

　軽妙な演出が非常に冴えわたるコメディである本作は、石川進、奥村公延という芸達者に塚本信夫、松山照夫という演技派がからみ、のちに『快獣ブースカ』のチャメゴンを演じることになる山村哲夫が快活な少年を表現している楽しい作品だが、じつは『ウルトラQ』きってのメカがフィーチャーされたエピソードでもある。いなづま1号の描写や北九州駅でのカタストロフと、特撮的にも目が離せない見どころだらけの秀作中の秀作として成立しているといえよう。

　外部からのブレーキ作動もできず、のんびりした風景の中をいなづま1号は終点の北九州へと暴走を続けている。北九州駅では、特殊な車止めが用意された。いなづま1号を止められる確率は、80パーセント。万城目は確率を少しでも高める方法はないかとつめよるが、西岡は無理だと言う。いなづま1号は車止めに激突し周辺は炎に包まれ、その衝撃で、保管ロッカーは宇宙まで飛んでいく。イタチはその中にいた。

人工生命M1号

M1：身長2m　体重180kg

　生物学者の相川教授が創造した、人工生命。細胞の塊のような状態で高圧ボンベに押し込められ、ジュラルミンケースで大阪の研究所に運ばれる予定だったが、ケースの取り違えでいなづま1号の中でフラッシュ光を浴びてしまい、細胞が分裂を始めてこの姿に成長した。運転室近くの保管ロッカーの中で誕生し、運転室を占領、計器をいじって破壊してしまう。知能は人間と同じ程度に設定してあるそうだが、生まれたばかりのため、おそらくは幼児くらいであろうと思われる。演技者は、中村晴吉。

　左が、圧力ボンベ内のM1号の細胞。まだ状態が不安定で、通常の気圧下においては急速に細胞分裂を起こすのだという。右は、M1号の足跡。M1号のデザインは、成田亨である。

この写真は、向ケ丘遊園、谷津遊園、小田急百貨店で1961年5〜6月に開催された「ウルトラQ大行進」というイベントに登場した際のM1号。これは、向ケ丘遊園で撮影されている。後ろに、カネゴンが確認できる。

造形は、高山良策。マスクは演技者の目をそのまま生かすように作られており、腕は長くされている。保管ロッカーとは別に、成層圏外まで飛ばされてしまい、「私はカモメ」とつぶやいていた。

ミニチュアの製作は、高山良策。かなり小さなサイズである。

*M*echanic
地底超特急 いなづま号

　世界最後の超特急といわれる最高速列車で、最高時速450kmをマーク。全体の5分の4近くが地底というコースで、東京、大阪、北九州をわずか3時間で結ぶ。ジェット推進で走行中は車体とレールに接地面はなく、発車後は運転室に設置された人工頭脳とJFOMEというリモコンユニットで、自動制御されている。

機関車にかかった費用だけでも、80億7000万円だという。いなづま〔態は、静岡、名古屋、大阪などの各ビーコンから、いなづまおよび運転室へと常に伝わるようになっており、万全の態勢がとられている。いなづ〔のデザインは成田亨、ミニチュア製作は郡司模型である。

新東京駅地底ホーム

　近未来、新東京駅は高層だが地下へも広く広がった重層的な構造になっており、未来的な外観の建築物である。いなづまのホームは地下3階に建設されているが、そのロケーションは有楽町の東京交通会館と東京駅八重洲南口で行われている。イタチの靴磨きも、東京交通会館だ。

　その高速性ゆえ、血清などの特殊な物品の緊急輸送を依頼されることも想定されており、それに対応した耐熱耐震の保管ロッカーが、運転室の近くに備えられている。ラスト、イタチはここに逃げ込んで、爆発の衝撃で保管ロッカーごと宇宙まで飛ばされることになってしまう。

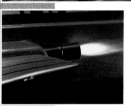

　いなづまの路線の北九州駅構内に設置された、特殊な車止め。奥には車庫、操車場、燃料タンクなどがある。いなづま1号の機関車を止める確率は80%だったが、いなづま1号の時速600kmの衝撃には耐えられず大破、その破片が周囲に飛び散って大惨事になってしまった。

　いなづまは、先頭の機関車のジェット推進と加圧翼で加速・制動をコントロールしており、必要に応じてブレーキを手動に切り替えることが可能で、車両の切り離しは車掌室でも行うことができる。そのレールは高速性を考慮してか、トンネル内、地上ともども極力直線で設置されているようだ。

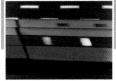

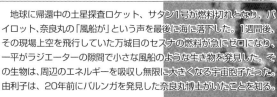

第11話 バルンガ

制作No.16（脚本No.17） 1966年3月13日放送 脚本／虎見邦男 特技監督／川上景司 監督／野長瀬三摩地

地球に帰還中の土星探査ロケット、サタン1号が燃料切れとなり、パイロット、奈良丸の「風船が」という声を最後に海に落下した。1週間後、その現場上空を飛行していた万城目のセスナの燃料が急にゼロになり、一平がラジエーターの隙間で小さな風船のような生き物を発見した。その生物は、周辺のエネルギーを吸収し無限に大きくなる宇宙胞子だった。由利子は、20年前にバルンガを発見した奈良丸博士がいたことを知る。

奈良丸明彦（青野平義）

危険なバルンガを殺したため学会に証拠を示せず、東亜大学教授の職を辞した科学者。冷静な人物で、バルンガ対策を発案。

医師A（草川直也・右）、 医師B（大塚秀男・中央）

一平が入院した病院の医師たち。バルンガのために病院の機能が働かないことに焦り、「野戦病院のつもりで」の手術を提案。

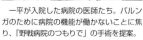

対策本部長（田中志幸）

バルンガ合同対策本部の責任者で、バルンガにエネルギーを与える攻撃を二度としないと確約。動力使用の禁止を通告した。

調査部係員（鈴木治夫）

奈良丸博士のプロフィールを調べ、由利子に詳細を伝えた。奈良丸を「あまり有名じゃないらしいな」と評していた。

官（永井玄哉）

城目たちが乗っていたグロリアの中でンガが膨らみ、ついにはその車が砕け様を目撃する警官。

院長（中江隆介）

一平が入院している病院の責任者。患者のために病院に残り、禁止令をやぶって自家発電を行うことを決意する。

奈良丸（高橋征郎）

サタン１号のパイロットで、燃料がゼロになったことと窓の外の風船のような物体に驚愕。奈良丸博士の息子である。

このエピソードは、まさにSFの中のSFといえるストーリー。脚本の虎見邦男は山田正弘の友人で文学者なのだが、山田の勧めでこの「バルンガ」を執筆したそうだ。だが、その「動かない怪獣」という発想をどう映像化するのかで金城哲夫らは頭を抱えてしまったという。

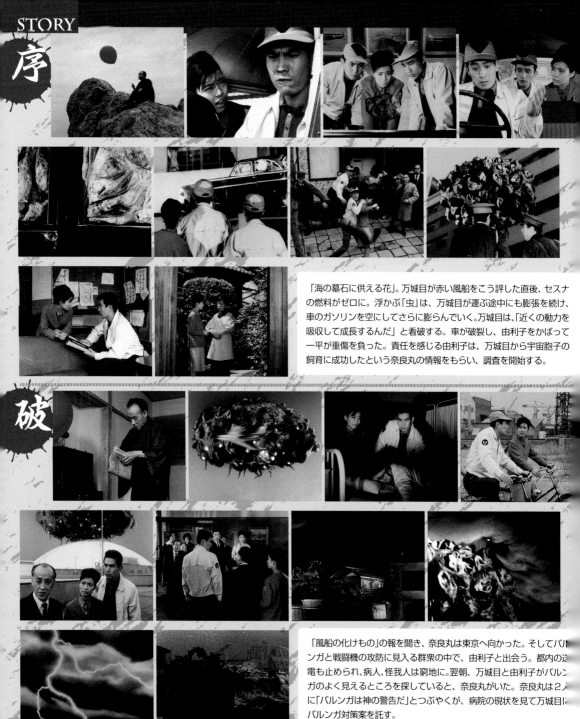

序

「海の墓石に供える花」。万城目が赤い風船をこう評した直後、セスナ
の燃料がゼロに。浮かぶ「虫」は、万城目が運ぶ途中にも膨張を続け、
車のガソリンを空にしてさらに膨らんでいく。万城目は、「近くの動力を
吸収して成長するんだ」と看破する。車が破裂し、由利子をかばって
一平が重傷を負った。責任を感じる由利子は、万城目から宇宙胞子の
飼育に成功したという奈良丸の情報をもらい、調査を開始する。

破

「風船の化けもの」の報を聞き、奈良丸は東京へ向かった。そしてバル
ンガと戦闘機の攻防に見入る群衆の中で、由利子と出会う。都内の送
電も止められ、病人、怪我人は窮地に。翌朝、万城目と由利子がバルン
ガのよく見えるところを探していると、奈良丸がいた。奈良丸は2人
に「バルンガは神の警告だ」とつぶやくが、病院の現状を見て万城目に
バルンガ対策案を託す。

多分に哲学的な虚見邦男の脚本が生んだ、静かなる怪獣、バルンガ。その特性と、だんだん空を覆っていく不気味さを表現するため、バルンガの場面は実景に合成されたものが多い。建物の画と背景のホリゾント込みのバルンガの画を合成したシーンは単純なマスク合成ではあるが、日常と非日常が混在するイメージを明確に表現しており、本作を傑作に引き上げているといえよう。迫力の台風のシーンは、東宝映画『妖星ゴラス』のライブフィルムである。

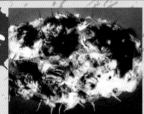

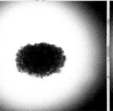

　大型の台風が、東京に迫ってきた。強風が吹き荒れ、街では洪水が起こる。だが、そんな台風のエネルギーさえバルンガは吸収し、あたりはたちまち静かになる。朝がきて、バルンガはより巨大になっていた。奈良丸が「間もなくバルンガは宇宙へ帰る」と語ってまもなく、宇宙空間に国連の人工太陽が生まれ、バルンガは核エネルギーに魅かれて宇宙へ去っていく。「バルンガは、太陽と一体になるのだよ」

　劇中、最初に現れるバルンガは、サタン１号の窓から見えたもの。続いては星川航空の事務所の机の上に浮く姿、車の中で箱から抜け出した２形態が確認できる。

　膨張を続けるバルンガだが、その名づけの親は奈良丸明彦。サタン１号のパイ□トは奈良丸明彦の息子なので、バルンガは親子２代にわたって因縁がある存在な□

風船怪獣バルンガ

BALLOONGA：全長 細胞大～無限　体重 不定

サタン1号に付着してエネルギーを吸収した宇宙胞子が、空中に浮遊しながらあらゆるエネルギー、戦闘機のミサイルまでもを吸収、巨大化し続ける存在。まさに「神の警告」であり「自然現象」「文明の天敵」として、人類に「こんな静かな朝」を与える。20年前に奈良丸明彦が隕石から同様の胞子を採取し飼育に成功したが、「人類の文明が荒廃に帰する」として殺していた。

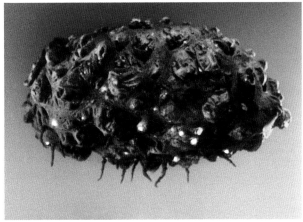

バルンガが膨張したということを、合成する建造物との対比で表現。なお、バルンガのデザインは成田亨、造形は佐々木明が担当している。

国連が奈良丸の要請に応じて打ち上げた人工太陽を目指す。その本来の食べ物は、太陽なのだ。

人々の前に初めてその姿を現す。このときはまだ、直径3mもないくらいなのだが。撮影時のバルンガの造形物の色は、生ゴムの茶色のままだったようだ。合成用に赤く塗られたミニチュアも、存在するらしい。

映像では明確に表現されていないのだが、攻撃能力も有している。航空自衛隊に攻撃された際に、ミサイルのエネルギーで膨らみながら何らかのエネルギー、または衝撃を放ったようだ。戦闘機が、簡単に破壊されてしまっている。

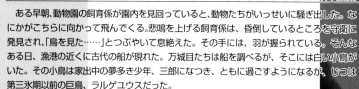

第12話 鳥を見た

制作No.6（脚本No.7）1966年3月20日放送　脚本／山田正弘　特技監督／川上景司　監督／実相寺昭雄

　ある早朝、動物園の飼育係が園内を見回っていると、動物たちがいっせいに騒ぎ出した。なにかがこちらに向かって飛んでくる。悲鳴を上げる飼育係は、昏倒しているところを守衛に発見され、「鳥を見た……」とつぶやいて息絶えた。その手には、羽が握られている。そんなある日、漁港の近くに古代の船が現れた。万城目たちは船を調べるが、そこには白い小鳥がいた。その小鳥は家出中の夢多き少年、三郎になつき、ともに過ごすようになるが、じつは第三氷期以前の巨鳥、ラルゲユウスだった。

若い漁師（中山 豊）

　家出した三郎を連れ戻しにきた、漁師Aに同行。漁船を無断で持ち出したことで、三郎を問い詰めていた。

警部補（日方一夫）

　港市警の警部補で、一の谷の助言にしたがい、白い小鳥を確保しようと警官隊を率いる。後ろに、助監督の満田稲がいる。

漁師B（勝本圭一郎・左）
漁師C（坪野鎌之）

　998年前の古代船を発見した漁師たちで、万城目たちを船に案内した。初めから人の姿がないことを証言していた。

年輩の漁師（安芸津 広）

　年をとった漁師だが、いちばん武闘派なようすの人物。三郎をはがいじめにし、戻らないと「置き去りにするぞ」と発言する。

漁師A（神田正夫）

　三郎が家出してきた小島で待ち伏せていた、三郎の叔父。三郎を叱り、連れ戻そうとしてクロオに襲われてしまう。

　山田、中川コンビの特徴で、「育てよ！カメ」と同じく、本作もテーマ曲が違う。ただし今回のオープニングは通常のオープニングの短縮版で、「鳥を見た」のテーマ曲はエンディングというかたちで製作された。しかもこのエンディングのテロップは、映画的なエンドロールとなっている。

三郎（津沢彰秀）

　夢多き、自由奔放な少年。漁港にほど近い小島の苫屋に寝泊まりし、「俺は王さまになるんだ」と自由を謳歌する。

守衛A（馬渕 功）

　朝の動物園で、動物の檻がすべて破られていることに驚き、若い守衛Bとともに倒れている飼育係を発見した。

飼育係（伊原 徳）

　早朝の見回り中に、獲物を狙うラルゲユウスに遭遇。捕食の難は逃れるも、最終的には絶命してしまうことになる。

出演者

日方一夫
勝本圭一郎
安芸津広
坪野鎌之

神田正夫
津沢彰秀
馬渕功

佐原健二

西條康彦
桜井浩子

監修　円谷英二

江川宇礼雄

脚本　山田正弘

撮影　内海正治

撮影　内海正治
照明　後藤忠雄
美術　清水喜代志

中山昭二
日方一夫
勝本圭一郎

編集　氷見正久
助監督　満田済
録音　キヌタラボラトリー

特殊技術

特殊技術
撮影　高野宏一
照明　堀江繁助
光学撮影　中野稔
美術　石井清四郎

特技監督　川上景司

監督　中川晴之助

制作　フジテレビ
円谷プロダクション

終

　脚本の山田正弘によると、おそらくシノプシスなどは別にしての話であると思われるが、この作品が『UNBALANCE』時を含め、いちばん最初に脚本の打ち合わせが始められたエピソードだということで、初めから中川晴之助と組むことは決まっていたという。いずれにせよ印刷台本として出来上がるのは『ウルトラQ』になってからの時期であった。脚本のタイトルは「鳥を見た……」で、なぜか実作品は「鳥を見た」となったが、山田はニュアンスがまったく違うということでこの変更には後年も不満を述べている。さてこのドラマの主題は、山田が常に重要視していた「少年と大人」であり、鳥は少年の夢の象徴である。子供の夢を理解しない大人が子供を迫害し、その子供の夢が大人に復讐する。本作はそういった構図をもっているのだ。だが、人間は社会的な生き物であり、子供とはいえ、夢である鳥と百パーセント同調することはできない。それが大人になる哀しさである。大人になるということは、鳥、つまり夢との別れなのである。

その出現が港町を騒がせていた古代船で、由利子は文鳥のような鳥を目撃するが、船はたちまち崩壊して沈んでしまった。三郎は白い小鳥と仲良くなり、クロオと名づけ、島の苫屋でいっしょに暮らし始める。夜、クロオが苫屋から飛び出していった頃、由利子の話と万城目の推論から、一の谷は文鳥のような鳥を古代のラルゲユウスではと示唆した。だが、それを知る由もない三郎は、楽しく日々を過ごす。

破

クロオが再びいなくなった夜、港町の家畜が襲われ、帰ってきたクロオには血がついていた。そんなクロオは、三郎を連れ戻しにきた父たちに、三郎を守るかのように猛然と襲いかかる。クロオは町のとなり、一の谷のアドバイスを受けた港市警はクロオを捕獲し、警署の留置場に隔離した。だが、クロオはたちまち巨大化し始める。察署から飛び出し、街を強烈な風で破壊する巨大な鳥。

このエピソードのために、精巧なセットが組まれ、港町の崩壊シーンが撮影されていた。だがその出来に円谷英二は満足せずNGが出され、代わりに東宝映画『空の大怪獣ラドン』の福岡市の破壊シーンのライブフィルムが流用されたことは有名である。それを見てみよう。

巨大になった鳥、ラルゲユウスは街から去っていくが、クロオがいなくなってしょげかえる三郎を慰めようと苦心していた万城目たちがいる砂浜へと飛んでくる。ラルゲユウスは、三郎に別れを告げにきたのか。三郎は飛び去っていくラルゲユウスを追い、走る。「クロオ、俺もいっしょに連れていってくれ！」小さくなるラルゲユウスの姿……。「さようなら」三郎は、いつまでも友だちを見送っていた。

Character

古代怪鳥 ラルゲユウス

LARUGEUS：全長7㎝〜50m　体重300g〜1万5000t

　第三氷期以前に生息した巨大な鳥の先祖の一種で、10世紀のインド西部の都市に群れをなして現れたという記録がある。998年前からタイムスリップしてきたと思われる古代の貿易船に文鳥のような小さな姿で潜んでいて、貿易船の航海日誌の最後には「鳥を見た」と書かれていた。三郎少年になつき友情を育むが、動物園の動物や港町の家畜を捕食して警察に捕獲されたため巨大化して脱出、空へと去っていった。

動物園の飼育係が握っていた鳥の羽。右は、一の谷の資料に描かれていたラルゲユウスの想像図。

ラルゲユウスは、三郎が操る漁船に飛び込んできた。その鳴き声から、三郎は鳥を
ロオと名づけ、可愛いがって過ごす。海にはまったときも、身を挺して助けた。

警察署で小鳥からラルゲユウスに巨大化するさまは、影と2種類の鳥籠、留置場の
ミニチュアなどで表現されているが、それなりの効果をあげている。

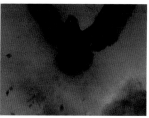

ラルゲユウスの造形物は、複数存在する。
メインのものは留置場の鳥籠や警察署を破壊
する場面のもので、「鳥」を意識したためか、
本物の鳥の羽が使用されているようだ。羽ば
たく飛行用のものは、撮影された映像が不使
用に終わってしまった港町の破壊シーンにお
いて、スムーズに羽ばたいていなかったと言わ
れている。

第13話 ガラダマ

制作№.17（脚本№.19）　1966年3月27日放送　脚本／金城哲夫　特技監督／的場 徹　監督／円谷 一

弓ヶ谷に降ってきた「軽すぎる」物体を、守少年が拾った。その謎の物体に教師も首をひねっている頃、太陽黒点とは無関係のデリンジャー現象により、各地の短波通信が不通になるという騒ぎが起こっていた。弓ヶ谷の物体はチルソナイト製の合金で、極超短波を出している。それに興味をもった一の谷は、万城目らを伴い弓ヶ谷へ向かった。一同は調査を始めるが、弓ヶ谷の熊谷ダムに巨大なガラダマ（隕石）が飛来、中からモンスターが出現した。

大木（福田豊士）

弓ヶ谷近くの村の小学校の理科教師。物体を東南大学の物理学教室に持ち込み、一の谷にその調査・分析を依頼する。

植田（富田浩太郎）

東南大学物理学教室の研究員で、主任クラスと思われる。研究室で、チルソナイト製の物体の調査を続ける。

長谷（新田勝江）

小学校の教師で、守の担任。守が見つけたチルソナイト製の物体を、隕石ではないかと大木に尋ねていた。

由美（平井三般子）

熊谷ダムに旅行にきた、19歳の女子大生。遊覧船に乗っていたところにガラダマが落下し、モンスターの脅威に怯えることに。

綾子（若原啓子）

由美を旅行に誘ったと思われる同い年の学友で、熊谷ダムに沈んだ村の出身。万城目と一平の手で、モンスターから救われる。

守（南谷智晴）

チルソナイト製の物体を拾った、村の少年。長谷に物体を見つけたことを報告し、一の谷たちをその現場に案内する。

上段の「ガラダマの谷」は決定稿とあるが、まったく違う内容で、「ガラダマ」が実際の決定稿である。下のものは、特撮用の絵コンテの表紙だ。

小林志津夫(左)
古谷 徹)

友人たちで、ヘリコプターを珍しがり、一の谷に隕石のことについてろと質問していた。

「ガラダマの谷」は群馬県の弓ヶ沢が舞台となっており、谷間に落ちた隕石から出現するのは多角獣で、50年前にもインド東部に現れたという怪獣だ。爆発した惑星の生物が化石状になり宇宙を漂流、地球で復活したと推測されている。ストーリーは、じつは山男だった一平の山仲間との友情物語として展開されている。

序

一の谷は大木が持ち込んだ物体が宇宙人の手によるものだと推測し、大木の案内で弓ヶ谷に向かう。物体の落下地点を調査していると、空に光る物体が見えた。それは、巨大な燃える隕石だった。隕石が熊谷ダムに落下した衝撃と熱でダム湖はたちまち干上がり、遊覧船は山に乗り上げてしまう。一同は物理学教室に由利子を向かわせ、遊覧船の2人を助けることにするが、隕石からモンスターが出現してしまう。

破

モンスターが出現した頃、物理学教室の物体が極超短波を間断な発信し始めた。ダムのモンスターは、遊覧船に近づいてくる。そこ万城目と一平が駆けつけ、危機一髪、船の2人は救出された。一方由利子は物体の極超短波がモンスターを操っているのではと考え、の谷も、物体が電子頭脳ではないかと疑う。モンスターが突然、苦み出した。それは、植田が物体を旋盤で解体しようとしたからだ。

今回は水が干上がったダム湖がモンスター出現の舞台となり、その全景は精密な作画で処理されている。その際オプチカルプリンターによる隕石の光が合成されており、隕石落下時やモンスターの移動マスク合成でもプリンターは威力を発揮した。洪水の場面は、東宝映画『モスラ』からのライブフィルムと新撮映像がうまく併用された。

終

モンスターが、勢いをつけてダムの堰堤を破壊し始めた。東京を目指そうとしているのだ。変電施設を跡かたもなく壊したモンスターは、次はどんな行動に出るのか。ちょうどそのとき、物理学教室で植田が電波遮蔽網を物体にかぶせる。するとモンスターの動きが、止まった。膝をついたモンスターは半開きにした口から液体を流し、目を閉じてうつ伏せに倒れる。モンスターの侵略は、これで終わったのだろうか。

Character

隕石怪獣 ガラモン 〔ガラダマ・モンスター〕

GARAMON：身長40m　体重6万t

　三国山脈の群馬県側にある弓ヶ谷付近の熊谷ダムに出現した、遊星人が操るモンスター。先に送り込まれた電子頭脳、チルソナイト製の物体の極超短波に導かれ、同じチルソナイト製の隕石（弓ヶ谷付近の言葉ではガラダマ）に乗って飛来した。一種のロボットともいえる生体兵器であり、物体の指令によってダムから東京を目指そうとした。金属的な声を発し、目につくものを破壊する衝動も持ち合わせており、自らの意思もあるように感じられる。由利子の発案で電子頭脳の極超短波が遮断され、動きを止めた。演技者は、高橋実。

珪酸アルミニウムの一種のガラス状結晶体、チルソナイトは、たいへん軽い。守によると、フワフワと弓ヶ谷へ落ちてきたという。

　一の谷は、ガラダマをその溶解後の色からチルソナイト製と断言。そのガラダマの中から、卵の殻を破るかのようにモンスターが出現した。

1966年4月17、24、29日に多テックにて開催されたイベント「ウルトラQ大会」で展示されたラモン。腹部が赤に塗られてい

「ガラダマの谷」の多角獣は全身を電流が流れており、「ガラダマ」でも脚本上は多角モンスターは帯電体質ということで、いわゆるガラモンとはかなり印象が異なる。当初は通常の怪獣のイメージだったモンスターがガラモンになったのは、的場徹がカサゴのイメージを提示したかららしい。デザインは成田亨、造形は高山良策、セットを広く見せるため、小柄な演技者のための小さな着ぐるみが製作された。

第14話 東京氷河期

制作№15（脚本№16）　1966年4月3日放送　脚本／山田正弘　特技監督／川上景司　監督／野長瀬三摩地

特殊技術
撮影　高野宏一
照明　望月英樹
光学　石井清四郎
美術　成田　亨
操演　中野　稔

出演者

佐原健二

西條康彦
桜井浩子

有馬昌彦

田島義文

東京氷河期

佐藤英明
脚本礼三

杉　裕之
伊藤　実
清野弘幸
ナレーター　石坂浩二

脚本　山田正弘

特殊技術　川上景司

監督　野長瀬三摩地

撮影　内海正治
照明　小林和夫
美術　清水喜代志
現像　トーヨー・ラボラトリー

音楽　宮内国郎
編集　兼子玲子
助監督　吉高勝之
記録　真木照夫

円谷プロダクション

羽田空港の滑走路で1030便が突然空中停止し、墜落した。上空に黒煙が走り、空港が氷結する。この異常気象は南極の原子力発電所の爆発によるものだと思われたが、じつは南極から北極へ移動するペギラの仕業だった。ペギラを倒すためには、ペギミンHが必要だ。由利子が知り合った行方不明の父親を探す少年、治夫が、凍りついた東京を星川航空を目指して走る。星川航空では宝石泥棒の沢村が、セスナでの逃亡を図ろうとしていた。その沢村こそが、治夫の父親だった。

沢村照男（有馬昌彦）

往年の撃墜王。東京に出稼ぎにきて落ちぶれ、銀座で700万円相当のダイヤモンドを盗む。東京に恨みをもっている模様。

沢村治夫（佐藤英明）

駐在のアイディアで、父親捜しを毎日新報紙面で取り上げてもらおうと秋田からやってきた。ペギラを見ても、まったく動じない。

秀山（野本礼三）

由利子の日曜版狙いの記事の取材に付き合わされ、不満。ニュースカー3号の運転をするが、反重力光線の餌食になってしまう。

空港管制官B（杉 裕之）

羽田空港の管制官で、週末のドライブを提案。突然の氷結に驚き、レーダーも不能になったと、必死に関係機関に訴えていた。

山田正弘によるペギラの続編で、山田らしい巧みに少年が生かされた親子ものとして成立している傑作。監督は、梶田興治に代わって東宝から途中参加した野長瀬三摩地で、「ペギラが来た！」と併行して『Q』を初演出している。脚本は野長瀬が参加した時点でどちらも既にあったそうで、「東京氷河期」も後半の氷結した東京はオールセットとなるため、苦労したそうである。この作品のキーは、やはり治夫の一途さにあろう。とくにラスト、その表情変化に注目したい。

序

由利子が上野駅での取材中に治夫と出会った頃、万城目たちはセスナで眠りこけている男を保護した。極地探検家の取材を命じられた由利子は、万城目から異常低温の原因がペギラである可能性を示唆されるが、それは当たりだった。治夫の聞き取りをしている最中、毎日新報付近に強風とともにペギラが現れたのだ。東京のビル街を破壊するペギラは冷凍光線で、あたりを氷漬けにしていく。

破

「役所のやることはなっとらん」ため、関デスクは自分たちでペギラを退治すべく、万城目に北アルプスの極地植物研究所からペギミンHを調達させようと考える。電話が不通のためデスクたちは星川航空へ車を飛ばすが、冷凍光線の餌食となってしまう。いっぽう星川航空では目覚めた男、沢村が万城目たちに銃を向けていた。何とか車から抜け出られた治夫は、凍りついた東京を星川航空を目指して走るが……。

HIGHLIGHT

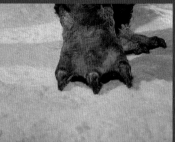

「東京氷河期」のビジュアル的な魅力は、東京を氷結させる不可能を行った映像のマジックである。スチールの作画処理、雪に沈むペギラの足、治夫を飲み込もうとする雪崩、縮尺の小さな東京のミニチュアセットでの氷結した街の俯瞰。本編、特撮とも、あらゆる手法で「夏の寒い冬」を表現しているのだ。なお、セスナのミニチュアは、このエピソードのみ。

HIGHLIGHT

治夫は氷まみれになりながらも、なんとか星川航空に到着。治夫を見て驚く沢村は何かを決意、セスナに乗り込む。「この天候で飛べるのは俺だけだ」ペギミンHに爆薬を混合したバケットを受け取った沢村は、北アルプスから一路東京へ。戦闘機群が冷凍光線に墜落していく、なか、沢村のセスナも凍りついていく。「治夫……」沢村はペギラに体当たり、ペギラは逃げ去る。そして数日後、田舎へ帰る治夫の姿があった。

冷凍怪獣 ペギラ

PEGUILA：身長40m　体重2万t

　南極の原子力発電所が爆発し、南極の気温が
高くなったため、北極へ引っ越ししようとする
途中に東京に出現した。さすがのペギラといえ
ども、一気に北極まで飛行することは不可能の
ようだ。万城目が1年前に南極で遭遇したペギ
ラと同個体のようで、東京に現れたことにより
その生命力、攻撃力がまさに証明されることに
なった。演技者は、清野弘幸。

「ベギラが来た！」のときと同様に、冷凍光線と呼称されてはいるが、光線はガスを噴出させて表現。自動車はもとより、航空自衛隊のF-86ですら、その威力にはなすすべもない。舞台を都会に設定したことで、破壊シーンは派手になった。

戦闘機のミサイルも寄せつけない強靭な皮膚、近代的なビルを簡単に崩してしまう怪力。三白眼も、以前よりスゴ味が増している。黒煙とともに飛び去っていくさまが、独特の存在感を生んでいる。

制作No.20（脚本No.22） 1966年4月10日放送　脚本／山田正弘　特技監督／的場 徹　監督／中川晴之助

　東京近郊の造成地では、今日も子供たちが自分たちの市を作り、遊んでいる。加根田金男はその少年たちのなかでもアキラと並ぶボス格で、小銭が落ちる音を聞き逃さない。金男はアキラが見つけた「お金の音がする」不思議な繭を手に入れるが、自宅で巨大になった繭に飲み込まれ、両親から聞かされたカネゴンになってしまう。アキラを筆頭に子供たちは、カネゴンを金男に戻すためにさまざまな手を打つが……。

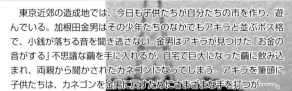

加根田金男（辻沢 敏 声・麻生みつ子）

　お金への執着心が、異様に強い小学生。お金には勘が働き、あと1枚で集めた小銭が1000枚に迫る勢いであった。

金男の父（浜田寅彦）

　金男のお金への執着心を案じ、カネゴンの姿を説明、金男にお灸を据えようとするが失敗。自らも、カネゴンになってしまう。

金男の母（野村昭子）

中松工事監督（渡辺文雄）

　カネゴンの話題を持ち出したのはこちら。銀行へ呼び出されたとき、散らばっていたお金を夫とともに拾ってしまった。

　「ヒゲ親父」と呼ばれ、子供たちを目の敵にする造成地工事の責任者。ブルドーザーで子供を襲うが、その運転はできない。

松の助手(二瓶正也)

松に付き従い、ブルドーザーを運転する中松には逆らえないが、カネゴンを見き、穴に落ちてしまう。

祈禱師(牧 よし子)

民間信仰「おたすけ教」の祈禱師で、カネゴンを元の姿に戻すために神のお告げを受ける。当時の俗称では「拝み屋」。

アキラ(桜井俊道 声・小宮山 清)

金男と同年輩の友人で、スマートな印象の少年。お金にシビアな部分が見られるが、面倒見は、かなりいいようだ。

脚本家・山田正弘の当時小学生の息子が、算数は苦手なのにお金の計算はできたことから着想された。子供独特のお金への関心を描いた作品。山田が目指したのは「共存怪獣」で、大人はカネゴンに驚くが子供は仲間関係を継続させている。でもそれも最初のうちだけで、やがて子供たちはカネゴンをもて余すようになる。本エピソードは、「孤独」を描いた一編でもあるのだ。

序

　乱暴な中松に怒る金男だが、お金が入っているらしい繭にたちまち上機嫌。自宅でも父の説教に耳を貸さず、繭のことを気にするばかりだ。繭は金男の部屋で大きく育っていた。中には金貨がいっぱいで、興奮した金男は繭に引きずり込まれてしまう。そして朝、目覚めて繭から出てきたのはカネゴン。両親は驚愕し、自分が怪獣になったことを知ったカネゴンはアキラに対策を相談、そのお礼は150円に落ち着いた。

破

　カネゴンに食事を与えただけで、子供たちの小遣いは尽きてしまった。困った一同は神様に元に戻る方法を尋ねようと、祈禱師を訪ねる。その御託宣は、「カネゴンの願いは、ヒゲ親父が逆立ちしたときに叶えられるぞよ」だ。神様をいんちきだと思った子供たちが協議するなか、カネゴンは逃げ出して銀行の玄関前でお金をむさぼりはじめる。金男の両親が呼び出されるが、もうカネゴンの姿はなかった。

本エピソードはテレビドラマ育ちの中川監督がビデオ感覚でカメラを回しすぎ、「フィルム喰い怪獣ハルゴン」というあだ名を拝命してしまった作品であり、聖ケ丘の通称アパッチ砦(現在は多摩ニュータウンの一角)での造成地シーンの撮影が炎天下で、長期に及んだといわれている。ドラマ内容は人間サイズの「共存怪獣」の物語なので、特撮班の出番は少なく、その仕事はカネゴンが元の姿に戻るシークエンスくらいである。配役では金男の父と母に芸達者な浜田寅彦と野村昭子が選ばれて味を出しているが、戸野山巡査を演じている、声優としても有名な故・神山卓三にも注目していただきたい。劇中の加根田家は、ロケセットという説があるが、東京美術センターに組まれたセットらしい。

カネゴンは見せ物でお金を稼ごうと、猛特訓。カネゴンがへたばった頃、再び中松が現れた。「頭きちゃったんだ」アキラは、徹底抗戦を決めた。了供たちのいたずらに怒った中松は反撃に出た。だが捕まえたのはカネゴン。「蛇を取って」と追ってくるカネゴンから逃げる中松はブルドーザーを操縦ミス、崖に逆さ吊りになっていた。元に戻った金男が勇んで帰宅すると、そこにはカネゴン化した両親がいた。

コイン怪獣 **カネゴン**

KANEGON：身長2m　体重200kg

人のお金を黙って拾ったりするとなってしまうといわれている、守銭奴の権化。加根田金男少年が友人が落とした小銭を我が物としたため、成長した繭に引きずり込まれて、そこで変身した。金男の父によると「頭は金入れ、体は火星人、目はお金の方を向いてピョコンと2本飛び出し、口は財布のジッパーなら体は銅貨の銅みたいに赤光りする怪物で、ゴジラみたいな尻尾にはギザまでついている」ということで、お金が栄養源であるということ以外はとくに実害はない。それほど人間に恐怖感を与える姿とは思われず、子供たちには自然に受け入れられるがなぜか大人たちはカネゴンを見ると怖がってしまう。演技者は、中村晴吉。

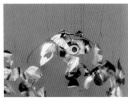

金男が繭に引きずり込まれた後の、朝に至るまでのカネゴンへの変異をイメージした映像。煙の中から物体が現れ、地平に線が伸びると物体は不気味なモビールのようなものがはじける。前衛劇的な演出の導入である。

カネゴンがお金を食べると左胸の5桁の数字が変わり、食べた金額がわかる。その際、レジスターのような音が鳴る。数字が0になると死んでしまうという。

カネゴンの繭

金男の部屋のはずが、なぜか繭が空中に浮いている。繭を割ってカネゴンが目覚めるシーンの合成された背景ホリゾントの空は、まさに舞台や人形劇調のテイストで描かれており、西洋の童話などを想起させる。続く、現実的な加根田家の朝のシーンは、その対極を意図しているのだろう。

現存しているカラー写真。1966年4月にテックで開催された、「ウルトラQ大会」に出たカネゴン。番組撮影から8ヵ月たったくらいので、まだまだ元気な様子である。

カネゴンのデザインは成田亨で、造形は高山良策。着ぐるみのギミックは目ごと90度ほど反復回転する頭部で、瞳から水を出すことができる。

アキラの部屋の窓から、アキラに相談するカネゴン。劇中アキラが泣くのは変異したことに気づいたときと、ここでのみ。このとき泣いたわけは、150円とられるから。

制作No.25（脚本No.28） 1966年4月17日放送　脚本／金城哲夫　特技監督／的場徹　監督／野長瀬三摩地

　謎の美しい男が、不思議なメカニズムを使って、天体物理学研究所に保管されていたガラダマを誘導する電子頭脳を逃亡させた。由利子の報で万城目たちが電波管理所へ向かった頃、男は通りがかりのトラックをヒッチハイク、榛名へと向かう。電波管理所で、怪電波がキャッチされた。その発信源は国道17号線を北上している。万城目たちと電波管理所の主任、花沢はその電波の発信源を追うが、ついに複数のガラダマが飛来してしまう。

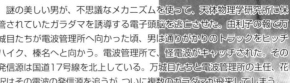

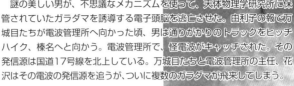

特殊技術
撮影 高野宏一
照明 小林哲也
美術 成田 亨
光学撮影 中野 稔
助監督 鈴木俊継

出演者

佐原健二

西條康彦
桜井浩子

平田昭彦

沼田曜一

毦那道夫
佐田 豊

桔梗恵二郎
細田修二
横井 徹

伊福部 昇
・渡辺康子
小林志津夫
ガラモン 高橋 稔
ナレーター 石坂浩二

ガラモンの逆襲

監修 円谷英二

特技監督 的場 徹

撮影 内海正治
照明 小林和夫
美術 清水喜代志
特殊 キヌタラボラトリー

監督 野長瀬三摩地

音楽 宮内国郎
編集 兼子玲子
助監督 吉高勝之
製作担当 守田康司

製作 円谷プロダクション

花沢（平田昭彦）

　電波研究所、電波管理所の主任。万城目たちとともに怪電波の発信源を追い、遊星人を追いつめていく知性派。

運転手 牛山（沼田曜一）

　人がよく、誰でも簡単にトラックに乗せてくれる。遊星人に対してはキレたようで、なんと警官の銃を命中させてしまう。

ツトム（小林志津夫）

　無断でトラックに乗り込み、電子頭脳を目撃。小林志津夫は、「ガラダマ」では弓ヶ谷近くの村の少年を演じている。

係官A（細田修二）

　電波管理所の職員で、花沢の部下。怪電波の発信源を見つけ、その位置と状況を花沢に報告している。

ULTRA.Q
ガラモンの逆襲
NO.28
（準備稿）

制作・TBS・円谷プロ

ULTRA.Q NO.28
ガラモンの逆襲

制作・TBS・円谷プロ

「ガラモンの逆襲」の準備稿（左）と決定稿。
両者に差はさほどなく、台詞や群衆シーン
が整理されている程度。ガラダマの東京へ
の飛来数は、準備稿では十数個、決定稿で
は4個となっている。

員B（白衣の人物・横井 徹）

機動隊隊長（右・桔梗恵二郎）

守衛（佐田 豊）

本エピソードは「ガラダ
マ」の続編で、約4ヵ月後
に撮影されている。特撮
は大がかりになるので、
東京美術センターではな
く、東宝スタジオのステー
ジにセットが組まれてお
り、撮影会もこのセット
で行われていた。ドラ
マ内容も遊星人との追跡
劇で、見どころが多い。

層での一時的なデリンジャー現象を
、それをガラダマの群れが起こした
と伝えた職員。

トラックで逃走する遊星人を追い、湖畔
のバンガローに追い詰めた。だが、エスパ
ライザーの威力の前に倒れる。

天体物理学研究所のガードマン。厳重な
研究室の金庫が勝手に開いて、電子頭脳が
出ていくところを目撃してしまった。

　由利子がガラモンの襲来を危惧し万城目を呼び出した頃、トラック運転手の牛山が謎の男を乗せた。やがて9個のガラダマが動き始め、花沢たちは怪電波をキャッチ、ガラダマの東京飛来を8時48分と予想する。北へ急ぐ牛山のトラックの荷台に隠された電子頭脳が東京にガラダマを呼ぶなか、万城目たちは国道17号線を移動する怪電波の発信源を空から捜索することに。やがてガラダマは、東京に落下した。

破

　ガラモンが、活動を始めた。美沢峠のドライブインのテレビでその様子を見ていた牛山のトラックを謎の男が奪い、憤慨した牛山と荷台に忍び込んでいた少年から話を聞いた万城目たちは荷台に電子頭脳があることを確信、それを追う。暴走する男は警官にタイヤを撃たれチェロのケースを持って徒歩で湖へ向かうが、その間も複数のガラモンは東京を蹂躙し続けており、男も反撃に転じようと謎のメカを操

HIGHLIGHT

ガラダマの飛来は、ミニチュアセットのカットと丸の内の合成カットを組み合わせて表現されたが、セットのホリゾントが東京美術センターより高いことも窺われる。今回の『総天然色ウルトラQ』では、ドライブインのテレビ画面からガラモン出現に至るシーンは、途中までモノクロ。榛名湖で遊星人が焼けるシーンは円盤の手前で遊星人のマペットを燃やすという手法で、それ以外は円盤の画に人物を焼き込んで処理された。

東京タワーが破壊された頃、万城目が謎の男から装置を奪い、牛山の「このヤロー」の一発が男に命中した。花沢が錫箔で電子頭脳を包むと怪電波は遮断され、すべてのガラモンが動きを止めていく。そして、倒れていた男が起き上がると、まるでセミのような正体を見せ、湖へ進む。そのとき、湖底から巨大な円盤が現れた。円盤はまばゆい光線でセミ人間を焼死させると、どこかへと去っていった。

隕石怪獣
ガラモン

再登場

GARAMON：
身長40m　体重6万t

これが、逃亡する際の電子頭脳。地球にはない
珪酸アルミニウムの一種のガラス状結晶体、チル
ソナイト製で、怪電波（極超短波）でガラモンに指
令を送る。遊星人にエスパライザーで、コントロ
ールされている。

人類の科学レベルでは、残念ながらチルソ
ナイトには傷ひとつつけることはできない。でき
ることは、電波遮断幕で覆うか電波を遮る場所に
こもらせることくらいだ。錫箔も、その怪電波を遮断す
ることには有効だったようだ。

天体物理学研究所の金庫から奪取された遊星人の電子頭脳を、再び地球へ呼び寄せたロボット怪獣。今回は複数のガラダマが飛来しており、その数は9個確認できる。東京に落下したガラダマは脚本によると4個で、劇中では東京タワー付近に出現した2体と東京港で活動した1体が描写されている。その外見、行動パターン、声などは以前に弓ヶ谷の熊谷ダムに現れたガラモンと同じで、おそらくそのスペックも同じだと考えられる。識別のため今回のガラモンの右胸にはマークのようなものが付けられているが、これが見受けられるのは東京タワー付近の2体の2種のみで、東京港のガラモンにはない。このガラモンの着ぐるみは撮影の前月に、高山良策によりメンテナンスを受けている。だが、やや鼻づらがつぶれた印象があり、体のトゲもわずかに少ないようである。演技者は、高橋実。

落下したガラダマは、東京タワーをかめたものと東京港に落ちたものが描写れている。ガラモンが現れるシークエスは、以前と同じである。なお、脚本は、マンモス団地にも落下している。

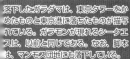

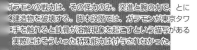

ガラモンの戦力は、その怪力のみ。突進と腕の力で、とに<建造物を破壊する。脚本段階では、ガラモンが東京タワ手を触れると鉄骨が溶解現象を起こすという描写がある実際にはそういった特殊能力は付与されなかった。

熊谷ダムに出現したガラモンと同じく、怪電波が遮断されると動きを止め、目を閉じて口から液体を流してしまう。この液体の正体は謎で、脚本にはないので演出効果を狙って採用されたものと思われる。今回の『総天然色』では、緑とされた。なぜか東京港のものは、白い泡状である。

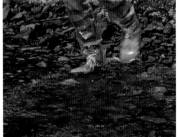

宇宙怪人 セミ人間
(遊星人Q)

CICADAMAN：身長1.8m　体重150kg

　熊谷ダムにモンスターが出現した際に、一の谷博士がその存在を確信した地球の侵略を意図する遊星人。チルソナイト製の電子頭脳を先に送り込み、電子頭脳から放つ怪電波（極超短波）でガラダマを呼び、ガラモンをコントロールする。２度目の侵略においては電子頭脳を取り戻すと、ガラモンを操りながら円盤が隠れている榛名湖へ電子頭脳を運ぼうとした。セミに似た外見をしており、その行動は冷血そのもので、任務に失敗したものは容赦なく処刑してしまう。

人間体（義那道夫）

　遊星人が、その方法は不明ながら地球人に擬態した状態。牛山によると「女なら、すげえ美人」という容貌で、確かに初めて会ったときにゾクッとしていた。チェロのケースに電子頭脳を隠しており、脚本では楽団の人間を騙っている。エスパライザーで電子頭脳をコントロールし、複数のガラモンを地球に呼び寄せるが、任務は失敗に終わってしまう。

エスパライザー

　チルソナイト製らしい、小型の特殊なマシン。念動力のようなエネルギーを発生させることができ、手を触れずに物体を自由にコントロールできる。電子頭脳の奪取を手始めに、牛山のトラックの停止、電子頭脳の遠隔操作などに使用する。榛名湖畔では警官隊の拳銃を奪い、発砲させて警官を倒していた。最後は、万城目と一平に奪われた。

円盤

■星人の大型宇宙船。宇宙空間、大気圏内、■での活動が可能な恐るべき万能のメカニズ■、再びの地球侵略に万全を期するため、榛■の湖底に潜んでおり、遊星人が任務に失敗■と浮上してきた。■盤下部の三角錐状の部■ハッチが開き、そこから怪光線を発射でき■なお、このプロップは『ウルトラマン』にバルタン星人やメフィラス星人の宇宙船とも再利用されている。

第17話 1/8計画

制作№8（脚本№9）1966年4月24日放送　脚本／金城哲夫　特技監督／有川貞昌　監督／円谷一

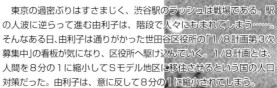
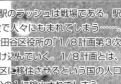

　東京の過密ぶりはすさまじく、渋谷駅のラッシュは戦場である。駅の人波に逆らって進む由利子は、階段で人々にもまれてしまう……。そんなある日、由利子は通りがかった世田谷区役所の「1/8計画第3次募集中」の看板が気になり、区役所へ駆け込んでいく。1/8計画とは、人間を8分の1に縮小してSモデル地区に移住させるという国の人口対策だった。由利子は、意に反して8分の1に縮小されてしまう。

区長（村上冬樹）

　縮小された人間が住むSモデル地区、そのS13地区の責任者。8分の1になった由利子の面倒を見る。温厚な人物らしい。

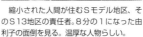

民生委員A（三田照子）

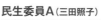

　由利子が住むことに決まったS13地区の民生委員。その地区での生活に関する不都合を解決するのが役目。

係員G（堺左千夫）

　由利子に、1/8計画に参加することを強く勧めた世田谷区の職員。その勧誘はかなり執拗だった。

大男（田中順一）

　自分が入れる人間縮小機の完成を、出入管理局の拘置所で待っていた。体が大きく、いつでもたくさんごはんが食べたいという。

役タイプ（松本染升）

丑谷区の1/8計画受付窓口で、納税義
免除を確認。そのうえで、家族ぐるみ
13地区への移住を決めた。

交通巡査（夏木順平）

Ｓ13地区の巡査で、突然現れた万城目と
一平に、ここから早く退去するようにと怒
鳴り散らしていた。

『UNBALANCE』の『空
想都市』がベースになって
いるエピソードで、本来
なら『ウルトラQ』の怪獣
路線が決定した時点で制
作が見送られてもおかし
くない一本。栫井巍が、
Ｓ13地区に現れる2人を
怪獣に見立てることも可
能という見解を示したた
め、制作にこぎつけるこ
とができたという。

序

「待っててね」区役所内で、由利子が窓口の会話を聞いて回る。訪れた人々は、それぞれの生活への不安・不満が解消されるＳモデル地区への移住を決めていく。その人波に巻き込まれ、由利子もＳ13地区専用エレベーターに乗ってしまった。縮小されてしまった由利子が気がつくと、そこはＳ13地区出入管理事務所。区長から事情を聞くが、不法侵入で、拘置所に留置されることになってしまう。

破

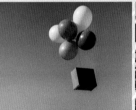

拘置所で同じ房になった大男に頼んで、窓から木箱ごと脱出した由利子は、子供たちの手をへて２人のシスターに助けられた。なんと☐星川航空の事務所に来るが、由利子は死んだことになっている。さ☐に、由利子を忘れようとする万城目の言葉は冷たく、関も相手にし☐くれない。由利子は、失意のうちにＳ13地区へ帰っていった。だ☐由利子の置き手紙で真実を知った万城目たちが、Ｓ13地区に現れる

HIGHLIGHT
HIGHLIGHT

HIGHLIGHT

劇中で世田谷区役所が出てくるが、ここはほんとうに、世田谷区役所の第1庁舎。このシーンでの万城目の由利子へのまなざしは、まさに恋人へのそれだ。後の展開に生きてくるカットである。特撮での見どころは、人間縮小機。そのカプセルは、作画されたものを合成している。小さなものを大きく作る手法も効果的で、8分の1にされた由利子の表現に一役かっている。

S13地区では、万城目と一平は巨人だ。由利子を捜す声も、住民たちには大きすぎる。街を壊さないように進むが、つい屋根を傷つける。苦労の末、由利子のマンションが見つかった。だが、由利子は帰ることを拒否して逃げる人波に紛れた。人波で、気を失う由利子。由利子が気がつくと、そこは鉄道病院。駅で気を失い運ばれていたのだ。万城目と一平を前に、由利子は2人も小さくなったと喜んでいた。

⅛の世界

　世田谷区役所の受付の奥にＳ13地区へ向かうと思われる、専用エレベーターが設置されている。エレベーターの先にはまず出入管理委員室があり、その片隅にＳ13地区出入管理事務所がある。ここからが１/８の世界で、Ｓ13地区には、ここから行けるようである。その出入りには、パスポートが必要なようだ。

　由利子の移送に使用された、Ｓ13地区委員会のネームプレート入りの木箱。木箱の内部のセットで由利子の演技を撮影して、箱に合成する。

　こちらは、合成をしていない状態の箱の内部。セットとあからさまな差が出ないように、気をつけて作られているが、椅子が少々大きい。

　Ｓモデル地区の住民には、市民番号が付けられ、名前の代わりに使われる。由利子は、Ｐの103924である。

　Ｓ13モデル地区は、すべてが人工的な空間なのか、隔離された地域に作られた都市なのか、詳細は語られていない。そのサイズがすべて8分の1ということは、縮小されていなければその身長は十数メートルとなってしまう。新たな天地に馴染みやすくするためか、その街並みは東京そのままに作られていて、未来都市風だったりするわけではない。なお、Ｓモデル地区は、東宝のオープンステージの街並みが、そのまま使用されている。

第18話 虹の卵

制作No.21（脚本No.25） 1966年5月1日放送　脚本／山田正弘　特技監督／有川貞昌　監督／飯島敏宏

特殊技術
撮影　高野宏一
照明　小林哲也
美術　成田　亨
光学撮影　中野　稔
助監督　鈴木俊継

出演者

佐原健二

西條康彦
桜井浩子

宮川洋一

嵯峨善兵

春江ふかみ
白川ひかる
星　紀市
内野惣次郎
市川久伸
大久保晴司
江原一成

中原城子
郷田いつ子
鳥海　透

パゴス　中島春雄
ナレーター　石坂浩二

監修　円谷英二

脚本　山田正弘

特技監督　有川貞昌

照明　内海正治
照明　小林和夫
美術　清水喜志志
キスアーチトリオ

監督　飯島敏宏

音楽　宮内国郎
編集　兼子玲子
脚色　吉高勝之
制作　守田康司

制作　円谷プロダクション

鳥町田の峠に怪獣が現れ、濃縮ウランカプセルを積んだトラックが崖下に転落した。そんな事件をよそに、凶兆の印、さざめ竹の花を見つけた村の子供たちは大好きなおばあちゃんが再び歩けるようにと、虹の卵を探すことにする。事故の取材に来た万城目たちはトラックの運転手を発見。2人から話を聞くが、そのとき小さな地震とともに金色の虹が空にかかる。子供たちが虹の出る所に虹の卵があると信じ、そこへ出かけた頃、万城目は一連の事件がパゴスのしわざではないかと考えていた。パゴスは、原子力発電所を狙っていた。

糸魚川博士（城所英夫）

5年前に出現したパゴスのことを報告していた科学者で、ニュートロンの権威。産業都市で、原子力発電所を守ろうとする。

トラック運転手（宮川洋一）

濃縮ウランを、稼働が近い産業都市に運搬していた。かなりの緊張感をもって仕事にあたっていたが、パゴスに行きあたる。

発電所所長（嵯峨善兵）

産業都市の工場群に電力を供給する、原子力発電所の責任者。糸魚川に、パゴス対策を強く要求していた。

おばあちゃん（春江ふかみ）

ピー子を傷つけないため、さざめ竹の花を吉兆と伝え、虹の卵があればなんでも願いがかなうと話してしまう優しい老女。

一子：枇伊子(白川ひかる)

町田の村の活発な少女で、たんぽぽ団ーダー。濃縮ウランカプセルを虹の卵くい、パゴスから守ることに。

助手(星 紀市)

濃縮ウランカプセルを輸送するトラックの助手で、鳥町田の峠でささめ竹の花を発見。打ちどころが、悪かったらしい。

ブン太(内野惣次郎)

ビー子の一の子分的な少年。声の出が悪いが、鶏に卵を産ませる名人。事件を通じて、声がよく通るようになった。

山田正弘脚本らしい、子供と老人の交流を描く一編で、泣かせるラストにおける、万城目のやや納得いかないといった表情が印象的。おばあちゃんの家や養鶏場は、当時浅間高原にあった、作曲家の神津善行の実家の神津牧場でロケがなされ、画面にハイカラな風情を与えている。

序

　おばあちゃんの優しい嘘をピー子は信じ、現れた金色の虹の付近に虹の卵があると考えた。トラックがウランを積んでいたことが手がかりだと思っていた万城目は、虹を見て事件の犯人がパゴスではないかと推測し、産業都市の原子力発電所に到着した糸魚川博士もそれを肯定する。パゴスが発電所近くに出現するが、ピー子は卵の捜索を続け、ついにそれを発見した。だがそれは、ウランのカプセルだった。

破

　必死で虹の卵を運ぶピー子に、パゴスが迫る。ピー子はとっさに地面の穴に隠れ、なんとか難を逃れた。糸魚川が要請したネオ・ニュートロンミサイルが峠を進むなか、パゴスがついに産業都市に到達する。工場群を破壊し、原子力発電所に一歩一歩近づくパゴス。分子構造破壊光線であたりを破壊する怪獣は勝ち誇ったかのように吼えると、再び産業都市を手当たり次第に破壊し始めた。

このエピソードの特徴は、万城目たちレギュラー陣の描写とゲストのたんぽぽ団の子供たちの描写が半々であることだ。未来都市的な産業都市と牧歌的な牧場の村（ハイカラな雰囲気だが）、物語の舞台も半々のイメージで、ウランカプセルと虹の卵という認識も含み、本作はすべてが対立構造をなしている。だがそれらは、ラストですべて融合してしまう。山田正弘の一方の真骨頂が、この「虹の卵」ではないだろうか。

ネオ・ニュートロンミサイルが到着した。だが、ブン太たちから事情を聞いた一同はミサイル使用時のウランカプセルの誘爆とピー子の無事を懸念し、万城目が空からピー子を捜すことになった。「ワーッ」大声で泣くブン太の声は、大きい。ピー子は谷間にいて、ウランカプセルも無事だ。ミサイルが、パゴスを粉々にする。そして、ピー子が戻ってくる。安心のあまり、思わずおばあちゃんは立ち上がっていた。

地底怪獣 パゴス

PAGOS：全長30m　体重2万 t

　数年前に中国の北京市郊外に出現、ウラン貯蔵庫を襲ったとされる原始動物。その様子は糸魚川博士によって記録されており、学名はパゴストータスという設定である。中生代にアジア大陸に生息した生物が、ウランをエネルギー源とするようになったため怪獣化したと考えられており、鳥町田の峠でトラックが輸送する濃縮ウランにつられて山の地底から出現したが、産業都市の原子力発電所のウランを狙って地底に隠れていた。ネオ・ニュートロンを浴びると風化する。演技者は中島春雄。

地底でパゴスが吐く分子構造破壊光線が、人間の目には金色の虹に見えるという。なぜか、虹が現れる際には、周辺が必ず暗くなってしまう。

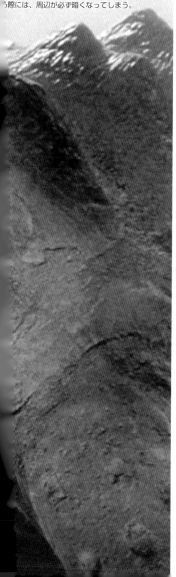

分子構造破壊光線

パゴスが特殊な体内器官で作り出す、強力な光線。口から吐き、命中した物質の分子構造を崩壊させて粉々にしてしまう。かなり強力な武器であるが、ウランを食料としてからの後天的な能力であるかどうかは不明である。

パゴスの着ぐるみは、東宝映画『フランケンシュタイン対地底怪獣』のバラゴンの首をすげ替えたもので、胴体は布で覆われており、バラゴンよりひと回り大きい。パゴスのデザインは成田亨、頭部を製作したのは、高山良策である。

第19話 2020年の挑戦

制作No.22（脚本No.24）　1966年5月8日放送　脚本／金城哲夫・千束北男　**特技監督／有川貞昌　監督／飯島敏宏**

空飛ぶ円盤が、航空自衛隊のジェット哨戒機を消失させた。それをレーダーで確認した天野二佐は幕僚たちにその事実を説明するが、信じてもらえなかった。その後、人間が突然消失してしまうという事件が日本各地で続発する。取材中の由利子と友田は、偶然にもそのひとつを目撃する。だが、関に信じてもらえない。不満な由利子が万城目のもとへ赴くと、そこには万城目の友人で解任された天野がいた。万城目は、天野とともに哨戒機消失現場へと飛んだ。

監督　安野宏也
脚本　小林哲也
美術　成田　亨
光学撮影　中野　稔
助監督　鈴木俊継

出演者

佐原健二

西條康彦
桜井浩子

小林昭二

柳谷　寛

田島義文
高峰竜三
土屋靖男
石間健史

中田啓子
暮林　修
真木みさ
クレーム人　古谷　敏
ナレーター　石坂浩二

監修　円谷英二

金城哲夫
千束北男

特技監督　有川貞昌

撮影　内海正治
照明　小林和夫
美術　清水喜代志
現像　キヌタラボラトリー

監督　飯島敏宏

音楽　宮内国郎
編集　菓子怜子
効果　湯田　彬
製作担当　守田康司

製作　TBS　円谷プロダクション

天野（小林昭二）

空飛ぶ円盤などは信じない現実派だが、ジェット哨戒機消失事件の謎を追う。一平とともに、事件解決に大いに活躍する。

宇田川（柳谷 寛）

由利子のガードに派遣された、「よっぽよぼのおじいさん刑事」。神田博士の親友で、温厚だが、いざとなると胆力をみせる。

航空自衛隊幕僚（右奥・高峰竜三）

天野二佐の上司で、ジェット哨戒機の消失が空飛ぶ円盤の仕業であることを信じず、「おとぎ話」と決めつけてしまった。

友田（土屋靖男）

由利子の助手として、取材撮影の修業中にゴーカートの女性消失を目撃。現像室で、突然姿を消してしまう。

ールの男 (石間健史)

淑女 (中田啓子)

モデル (真木みさ)

千束北男 (飯島敏宏) による脚本で、円谷一からの注文は東宝映画『美女と液体人間』みたいなものはできないか、ということだったという。それに飯島が好きな宇宙を加えて宇宙人ということにして、消失ものにした、ということである。ケムール人の名は、「煙の如く消える」からきている。

ソライトプールの端でくつろいでいた飛び込んだ水泳の山内選手が消失す末を目撃して大いに驚いていた。

山内選手が消えたところを目撃した男の連れ。「わりかし愉快じゃない」と、目撃談をまるで信じていなかった。

カート場の取材に来た由利子と友田が撮影していた、カートを操る女性。消える際に、唯一「キャー」という声をあげた。

序

BRAKE
ブレーキ

　プールで、日暮高原の山荘で、多摩テックで、高速1号線で、ゼリー状の液体に触れた人間が、突然消えた。信じてもらえない由利子が星川航空へ行くと、そこには先客がいた。万城目と天野は哨戒機消失現場へ飛ぶが、そこで万城目がゼリー状の液体に触れて消えてしまう。そして毎日新報でも、友田と渡辺が消えた。液体は目撃者である由利子とネガを狙っていた。関は、由利子の護衛を警視庁に依頼した。

破

　一平に電話する由利子が、一平から神田博士の著作『2020年の挑戦』について聞いていると、液体が由利子を襲った。間一髪、宇田川がこれを救うが、目の前に怪人が出現、走り去っていく。一平と天野が神田博士の自宅でK・ミニオードを発見した頃、ケムール人にさらわれた由利子は遊園地で万城目と再会していた。だが、それはケムール人が化けたにせ物だ。駆けつけた宇田川が、宇宙人を銃で撃つ。

HIGHLIGHT

人間消失の特撮は、タイミングを合わせた2つのフィルムの二重合成や、コップとネガ反転した人物を別別に画に焼き込むなどといった、比較的単純な方法で作られている。そして、毎日新報で映写される写真は、スチールを処理したもので、有名なケムール人の走りはパトカーの画にケムール人を焼き込んだものだ。

演出の見せ場は多いが、飯島監督お得意の、随所にある息抜き、クスッとくる味付けを見逃さずにご賞味ください。

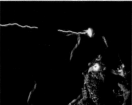

観覧車から落ちたケムール人はたちまち巨大化、遊園地で暴れ始め、警官隊の攻撃も受けつけない。その頃、東京タワーでは、一平と天野がK・ミニオードのセッティングに成功していた。タワーからXチャンネル光波が放たれ、倒れて消滅するケムール人。すると、消えた人々が帰ってきて、そのなかには万城目もいた。宇田川は「まあ、大丈夫だろう」と、残った液体に触れてみるのだった……。「たすけてくれー!」

誘拐怪人 ケムール人

KEMUR：身長1.9〜30m
　　　　体重40kg〜1万5000t

2020年という未来の時間をもつ惑星の宇宙人で、医学の驚異的な発達により内臓移植、人工血液、特殊再生素などを利用して500歳もの寿命を得ている。だが肉体の老化そのものは抑えることができず、人類の若い肉体に自分たちの生命を植えつけることで生きながらえようと人間を誘拐していた。演技者は、古谷敏。

発光する空飛ぶ円盤に乗って地球に飛来、ジェット哨戒機を消失させた。消した人間ともども、ケムール星に送っていたらしい。

頭部の突起部から放出する液体が、人間を消してケムール星へ送る消去エネルギー源。そのシステムは、電送に近いものらしい。ケムール人の意志力で運動し、可燃性である。

走力は高く、自分を追って全力で走るパトカーを軽く引き離してしまった。歩幅を大きくしてジャンプをするような独特な走り方は、飯島監督の演技指導によるもの。

人間に変身することも可能で、もとに戻る際は耳を動かす。ケムール人の目は前に2つ、後頭部に1つで、つねにびくびくしてあたりを窺う未来人のイメージなのだそうだ。

宇田川に撃たれて落下すると液体状になり収縮、その直後に膨脹し始めて巨大なケムール人となる。ケムール人のスーツの造形は、頭部とグローブ、ブーツは高山良策。ボディーは、デザインをした成田亨と特撮班の美術スタッフの手によるという。

子工学の権威、神田博士の著作「2020年戦!」。Xチャンネル光波の実験中に神田博士がケムール人と意思を疎通させ、それをベースに書き上げたものだ。

観覧車を持ち上げて投げてしまう怪力で、後楽園遊園地で暴れた。その計画が人類に暴かれた後も執拗に由利子を狙うが、その真意は不明。巨大化後は、ピストルは一切効かなかった。

Xチャンネル光波が弱点であり、光波を後頭部、頭部の突起に受けると倒れてしまう。自らの液体がそのボディーを濡らすと全身が真っ黒になり、消滅していった。

第20話 海底原人ラゴン

制作№24（脚本№27）1966年5月15日放送　原案／大伴昌司　脚本／山浦弘靖・野長瀬三摩地
特技監督／的場 徹　監督／野長瀬三摩地

出演者

佐原健二

西條康彦
桜井浩子

珠 めぐみ

石崎二郎
笹川恵三

田島義文
勝部義之

江幡高志
瀬沢年夫

加藤茂雄
坪野鎌之

ナレ 古谷 敏
照 石坂浩二
子どもの頭

海底原人
ラゴン

監督 中野

山浦弘靖
大伴昌司
野長

脚本 小林利夫
美術 清水喜代志
現像 キヌタラボラトリー

編集 野長瀬三摩地

音楽 宮内国郎

照明 広岡秀男

制作 円谷プロダクション

伊豆沖で海底火山の爆発が起き、由利子はその取材の後に岩根島の石井博士に会うことになった。日本沈没の前兆で岩根島がもうすぐ沈むと主張する石井は、島で孤立している。漁師の川崎と利夫が危険を冒して出漁し、コンニャク玉のようなものを見つけてきた。石井によると、それは海底原人ラゴンの卵だった。そんなとき、島にラゴンが上陸、島を恐怖に陥れる。

石井文子（珠 めぐみ）

石井博士の妹で、兄の主張を信じている。ラゴンの子供が誕生したのを見て、勇気をもって自らの手でラゴンに子供を返す。

石井博士（石崎二郎）

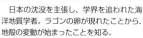

日本の沈没を主張し、学界を追われた海洋地質学者。ラゴンの卵が現れたことから、地殻の変動が始まったことを知る。

高山漁業組合長（笹川恵三）

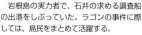

岩根島の実力者で、石井の求める調査船の出港をしぶっていた。ラゴンの事件に際しては、島民をまとめて活躍する。

川崎（勝部義之）

利夫を従えて、海底火山の爆発後の海へ船を出した。欲にかられ、石井に貸したラゴンの卵を石井邸から持ち出してしまう。

海底原人
ラゴン

作／TBS
監督／円谷プロ

大ヒット小説に先駆けた日本の沈没は、野長瀬三摩地監督のアイディアで、原案は大伴昌司。監督の意向で、当初は探険隊ものだったストーリーを変更、ボリス・カーロフ出演の『フランケンシュタイン』的ホラーに、日本的な怪獣のメロドラマ、怪獣の母の物語を加味したものにされている。

夫 利夫(黒沢年夫)

く人のいい漁師で、文子に惚れている。港に出現したラゴンに襲われ、人事不省の状態になってしまう。

立花(江幡高志)

夜の島をふらついていた酔っ払い。川崎を呑みに誘ってフラれてラゴンに遭遇、ラゴンに殺害されてしまうことに。

林巡査(坪野鎌之)

高山たちとともにラゴンを追い、石井邸にやってきた。ピストルで撃つが、ラゴンにはまったく効かなかった。

　調査船の協力を高山から拒否された石井は川崎たちから不思議な物体を借りる。その後、海から来た何かに利夫が襲われた。その何かが、岩場に上陸した頃、石井は物体がラゴンの卵だとつきとめた。ラゴンが、村に現れた。立花を襲い、民家を破壊するラゴン。ラゴンは深夜の島の道を石井邸目指して進み、そこを万城目と由利子に目撃される。そして、石井邸でキッチンに立った文子の前に、ラゴンが姿を現した。

破

　ラゴンは、キッチンのラジオの音楽に興味を示す。高山たちが駆けつけたが、ラゴンは朝がきても石井邸の付近から立ち去ろうとしない。そんなとき地震が起き、石井はそれを島の沈没の開始だと断言した。ラゴンから逃げようとする高山たちのため、万城目がラジオの音楽でラゴンを崖におびよせる。再びの地震でラゴンは転落、石井たちは村に急いだ。だが、港にラゴンが姿を現す。

このエピソードの登場キャラクターは怪獣ではなく、人間大の海底原
人である。そのため、岩根島の村の破壊シーンでは、縮尺を大きくして
作られたミニチュアが使われ、リアリティある映像がモノにされている。
もうひとつの見どころは崖のシーン。ラゴンを演じた古谷敏によると、
下がまったく見えないため、肝を据えて演ったということだ。ラスト、
沈む島を見つめる石井たちの光学合成も、非常にうまくいっている。

文子が卵から産まれたラゴンの子供をラゴンに返すと、ラゴンは海
へ去っていった。地震が本格化し、いよいよ島が沈み始める。急いで、
島民たちは海へと脱出し始めた。しかし、まだ万城目と由利子が島に
とり残されている。高山が船で引き返そうとすると、そこに一半が操
縦するヘリコプターが姿を見せる。島は、たちまち海へと呑み込まれ
ていく。いつか、日本もそうなるのだろうか？

Character

海底原人ラゴン
RAGON：身長2m　体重100kg

人間の姿に似ているが、爬虫類が進化した海底原人で卵生。2億年前に地球を支配していたといわれ、深度5000mもの深海に棲んでいる。卵が岩根島の漁師の網に引っ掛かったため、それを取り返すために島に上陸、村で暴れた後に石井邸に現れた。深海の水圧に耐えられるボディーは強靭で力も桁はずれに強く、知能も高いことが察せられる。音楽を聞くと闘争心が抑えられるようで、音源についていくという特性をみせる。演技者は、古谷敏。

すさまじい怪力を発揮し、スチールの門扉などは簡単に破壊してしまう。親柱をいとも簡単に外し、漁師の家を全壊させたりもした。崖から落下して岩場に叩きつけられても、まったく傷つかなかった。

デザインは成田亨で、造形は高山良策。目は表情を演出するため、普段はまぶたが半ばおりたように作られている。輝く目は、機電担当の倉方茂雄による。

井が万城目たちに指示した、英文の専門書。
ンやその卵について、図説がなされている。
にしても、ちょっと文章が少ないような気も。

このラゴンは母親であり、いわゆる雌である。そのため、着ぐるみにはバストがある。なお『ウルトラマン』に登場する巨大なラゴンは、雄。声は、東宝映画に登場するキングコングやバラゴンの音声素材を加工した。

ラゴンの子供

殻変動のために海底から転がり上ってきた
ら誕生した、ラゴンの子供。ごく小さくひ
、親の庇護がないと生きられない。ラゴン
かれ、海底に帰っていった。

制作No.19（脚本No.18） 1966年5月22日放送　脚本／上原正三　特技監督／的場徹　監督／満田務

客船クインパール号の甲板で、由利子は光る物体が夜空を横切るのを目撃。拾った人形から発せられるルパーツ星人ゼミを名のる女の声が、ボスタングの地球侵入を警告した。その光る物体は海に落下、不気味に泡立っていた。そんなある日、訓練飛行中の一平と指導する万城目がセスナを遠隔操縦され、たどり着いた人けのないドライブインでゼミの警告を耳にすることになる。

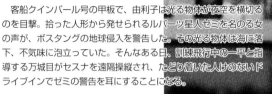

松田（藤田 進）

海上保安庁の巡視船、しきねの船長。沈着冷静な人物で、旅客船をボスタングから守るため自ら危険に身を投じる。

大木（小美野欣二）

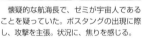

懐疑的な航海長で、ゼミが宇宙人であることを疑っていた。ボスタングの出現に際し、攻撃を主張。状況に、焦りを感じる。

宮本（多田幸雄）

人のよさそうな航海士。ボスタングの地球侵入を信じていない様子で、楽観的な意見を述べていた。左端の人物。

パイロット（山崎 洋）

星川航空のパイロットで、万城目の同僚。なかなか帰ってこない万城目と一平を待ちかね、無人のセスナに驚くことになる。

144

ウルトラＱ no.18

**宇宙指令
M774**

巡視船海洋丸台本

脚本・ＴＢＳ・円谷プロ

脚本家・上原正三の円谷プロでのデビュー作。当初は「Oil S.
O.S」という脚本で撮影が開始される予定だった。しかし、登場
怪獣、クラブトンがオイルを吸う怪獣であることを知ったタイ
アップ先からのロケ協力が得られなくなり、作品は「宇宙指令Ｍ
774」へと変更されることとなった。クラブトンが必要なくなっ
たことは造形の高山良策にも伝えられていたが、なぜか高山は
これを完成させている。そこでクラブトンをボスタングとして
使用することとし、海を舞台にした物語が生まれたのである。
監督は、これがデビューの満田稀。円谷一が別の作品の制作の
ためＴＢＳに戻らなくてはならなくなったため、助監督の満田
が後任に選ばれたのだ。

「ダメです」操縦桿がコントロールされ、セスナはどこかへ去る。星川航空へ帰ってきたセスナには、誰も乗っていない。衝撃を受ける由利子。万城目たちは山奥の道を歩いていた。2人の行く手にドライブインが現れ、そこのジュークボックスからゼミの警告が流れる。ゼミは地球へ行くことを決め、中央図書館の一条貴世美を訪ねるように言い残す。何者かが地球に降り立った頃、ボスタングが誕生した。

破

貴世美ことゼミは、ボスタングがタンカーを襲ったことを告げ、◯が急を要することを訴えた。万城目たちは巡視船の船長、松田を説得◯乗船することに成功する。やがて、巡視船の前に姿を現すボスタング◯ゼミの意見を取り入れ巡視船はエンジンを止め、通りがかった客船もエンジンを止めさせた。大木が脱出を主張していると、ボスタン◯が客船に向かい始める。巡視船は、囮として怪獣への攻撃を開始し◯

本エピソードの怪獣、ボスタングは巨大なエイで、海中でしか活動しない。そのため、特撮シーンのほとんどは東宝スタジオ内に当時あった、特撮用の大プールで撮影されている。備え付けの装置で各種の波をつくりだせる大プールの海は、実写の海のカットとも融合し違和感がない。劇中現れる人けのないドライブインの全景は、オープンスペースに組まれたミニチュア。実際の丘を借景にし、リアルな仕上がりのカットになっている。

　3インチ砲、機銃でボスタングを攻撃する巡視船。だが、その火器では、ボスタングに大きなダメージを負わすことはできない。そこへ、救援隊がやってきた。F-86Fの一団がミサイルとロケット砲で、ボスタングを攻撃する。ついに、ボスタングは砕け散った。事件は終わった。公園でゼミは万城目たちに使命が終わったことを告げ、自分は地球に残ると語る。これまでも、多くの宇宙人が、そうしてきたように。

宇宙エイ ボスタング

BOSTANG：全長50m　体重1万t

キール星人が、地球の侵略を企図して宇宙から
卵の状態で送り込んだ宇宙怪獣。孵化後すぐに海
上に姿を現してタンカーを破壊した。海棲であり
地上に出現することはないが、海上・海中ではマ
ッハ2以上の速度で行動することができ、突進し
てすべてのものを破壊してしまう。

ボスタングの卵は海底で光り、泡を放出しなが
ら短期間でボスタングを育み怪獣を誕生させる。
ルパーツ星ではその生態はある程度把握されてい
るようで、中央図書館にルパーツ星のボスタング
に関する書物が置かれていた。

ボスタングの習性で最も特徴的なことは、あらゆる音に敏感で、音を出すものに反応して攻撃を仕掛けてくるということ。キール星人の尖兵を務めているということは、きわめて獰猛な生物であるということも示しているであろう。その姿はエイに酷似しており、攻撃対象が無音の場合は、海底で動きを止めてはいるが、敵を襲う意思をもち続けているものと思われる。

ルパーツ星人

一条貴世美＝ゼミ
（水木恵子）

人形やジュークボックスなど、さまざまな物を通じてルパーツ星から警告を伝えてきた。同じくルパーツ星にいながらにして、セスナの遠隔操縦もできる。

空飛ぶ円盤に乗り、短時間でルパーツ星から地球へ飛来する。ルパーツ星人はみな独特な形状のサンダルを履いており、地球を「美しい星」と呼んでいる。

地球をキール星人の侵略から防衛する使命を帯びている女性で、地球に対し、　事実と対抗策の必要を訴え続けていた。自らは武器などはもたず、必要に応　地球側にアドバイスする。地球では、中央図書館の司書である。

第22話 変身

制作№3（脚本№2） 1966年5月29日放送　原案／金城哲夫　脚本／北沢杏子　特技監督／川上景司　監督／梶田興治

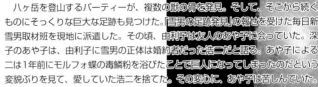

八ヶ岳を登山するパーティーが、複数の獣の骨を発見。そして、そこから続く人間のものにそっくりな巨大な足跡も見つけた。「雪男の足跡発見」の報せを受けた毎日新報は、雪男取材班を現地に派遣した。その頃、由利子は友人のあや子に会っていた。深刻な様子のあや子は、由利子に雪の正体は婚約者だった浩二だと語る。あや子によると、浩二は1年前にモルフォ蝶の毒鱗粉を浴びたことで巨人になってしまったのだという。その変貌ぶりを見て、愛していた浩二を捨てた。その変心に、あや子は苦しんでいた。

あや子（中 真千子）

蓼科高原で、巨人となった浩二を捨てたことを悔やむ女性。浩二の心を救うべく、あらゆる犠牲を払うことを決意している。

浩二（野村浩三）

蝶類学教室でモルフォ蝶の研究をしていた昆虫学者で、あや子の婚約者。山奥の水を飲んだことで、巨人になってしまう。

警官隊隊長（生方壮二）

八ヶ岳のふもとの村で、巨人を迎え撃つべく防衛網を指揮していた。幸い、その火器群は使用されることはなかった。

カメラマンA（小松英三郎）

人類学者が雪男を生け捕りにしようとしていると、関に伝えた。その言葉が、真実を知る由利子の心に突き刺さる。

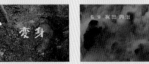

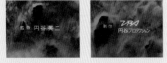

夫（大西康雅・廣田新二郎）

〜人のために「田んぼの水が涸れた」など
〜ていた村の人々。取材班の相馬と杉
〜行き合う。奥が、大西康雅。

UNBALANCE
変身
NO. 2

織：TBS・円谷プロ

金城哲夫によるサンプルストーリー『変身と変心』をベースに、北沢杏子が脚本を書きあげた一編。巨人となってしまった浩二についてよりも恋人を捨ててしまったあや子の心理描写を中心にドラマが描かれており、このことから後に性教育実践やフェミニズム運動に身を置くことになる北沢の片鱗が感じ取れるかもしれない。巨人を演じた野村浩三は松竹から東宝に移籍し、後に俳優座に所属することになる俳優で、『ウルトラセブン』『帰ってきたウルトラマン』にも出演している。物語の舞台は蓼科付近と八ヶ岳だが、実際のロケーションは東宝の生田オープンと奥多摩で行われている。

　自分も雪男の取材に行きたがっていた由利子は、日比谷公園で会ったあや子から秘密を打ち明けられた。由利子は一の谷を交えた一同に、あや子の話、蓼科高原で婚約者が巨人に変身し、それを見捨てた一部始終を語ってもらう。その頃、八ヶ岳では相馬たちが巨人を目撃するが、腰を抜かして取材にならない。一方、あや子は巨人に会うことを決意し、万城目たちとともに八ヶ岳へとやってきた。

破

　万城目が涸れた沼で、あや子が浩二にプレゼントしたライターを見つけたそのとき、山狩りをしていた警官隊の前に巨人が姿を現す。警官隊は発砲し、万城目やあや子の制止も聞かない。由利子は巨人の写真の撮影に成功するが、複雑な心境である。あや子を目にしたからかついに巨人が山からおりてきた。それを直感するあや子。村々を破壊しながら、巨人は警官隊が待ち受ける人里にやってきた。

「変身」は、『UNBALANCE』として撮影された作品で、「マンモスフラワー」と同じく、万城目と由利子の掛け合いにそれとなく設定を説明する台詞が滑り込まされている。冒頭とラストに深山の描写があるが、これはミニチュアの木と山、イラストを組み合わせて巧みに処理されている。今回の一の谷は、マッドな臭いが強い。熱原子X線の開発理由は、とくにないようなのだ。そして万城目のスカイラインスポーツクーペは、赤ではなくクリーム色。今回と第25話だけ、別の車両が使用されていた。ヘリはまだ星川航空のシールが貼られておらず、三ツ矢航空のままである。

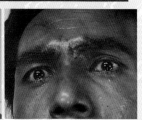

「行かせてちょうだい！」あや子は車から降りると、巨人に向かって走っていく。そして火の見櫓に上る。「山へ帰って！」あや子の決死の言葉に、涙する巨人。自暴自棄の気持ちなのか、あや子を手にかけようとする。そこに一の谷が、研究中の熱原子X線を巨人めがけて発射した。苦しみながら、山へ逃げ帰る巨人を追っていくと、そこには元の姿に戻った浩二がいた。強く抱きしめ合う、浩二とあや子。

巨人

COLOSSAL MAN：身長20m　体重500ｔ

　モルフォ蝶の毒鱗粉を浴びた蝶類学教室の学者・浩二が、モルフォ蝶生息地の近くにあった沼の水を飲んだ後に巨大化した姿。八ヶ岳の山奥に1年間、獣類を捕食して隠れていたが、婚約者のあや子を目にしたことから人里へおりてきた。皮膚はかなり丈夫なようで、警官のピストルくらいでは傷つくことはなかった。

八ヶ岳の奥地の、モルフォ蝶が生息す
る湿地帯にあった沼。モルフォ蝶もこの
次の影響で巨大になったようだ。現在は、
れてしまっている。

あや子が、浩二にプレゼントしたとい
ライター。あたりまえに喫煙者という
ころが、昭和である。ちなみに、脚本
は、お揃いのペンダントだった。

巨人はモルフォ蝶の毒鱗粉の影響なのか、変身前の思
考力は失っているものと思われる。脚本においても、そ
の意識はモルフォ蝶とあや子の幻影に支配されており、
孤独や焦燥感などは感じるものの、準本能的にあや子を
求めるということが行動原理となっている。一の谷はあ
や子を救うために熱原子X線を発射するが、これが浩二
を元の姿に戻したことは、予想外の作用であった。

巨蝶
モルフォ蝶

MORPHO：
本長80㎝　体重100g

南米アマゾン産の蝶。蓼科へ出かけた浩二によって日本でも目撃され、八ヶ岳奥地の湿地帯に大小
さまざまな個体が多数生息していることが確認された。脚本上ではキプリスモルフォと設定され、そ
の鱗粉は猛毒性、これを浴びた人間は体が焼けつくように熱くなり、異常に水を欲するようになる。

制作No.23（脚本No.14）1966年6月5日放送　脚本／金城哲夫　特技監督／的場徹　監督／野長瀬三摩地

雄三が父の船、第五太平丸で初めて南洋の海に漁に出た夜、船が巨大なタコに襲われた。そこは、ミクロネシアの島の人々から「死の海」と呼ばれ、恐れられている海域で、各国の船が行方不明になっていた。漁船の乗組員は、雄三以外の全員が大ダコの犠牲になってしまう。毎日新報はその海域の特集を組み、万城目、由利子たちを海域に近いコンパス島に送った。そのコンパス島に打ち上げられた雄三は、島の女性に助けられていた。

雄三（久保 明）

父と第五太平丸の仲間の敵討ちを誓う、血気盛んな若者。槍を投げる腕前はかなりのもので、アニタと恋仲になる。

アニタ（高橋紀子）

第五太平丸がスダールに襲われた翌朝、打ち上げられた雄三をタラーと一緒に助けた。父と兄をスダールに殺されている。

島主（石田茂樹）

島の長で、排他的。島民以外の島に来ることは好まないが、万城目がタラーを助けたため、滞在を許可してくれる。

南（上田忠好）

関がいうところの、語学の天才。アニタや雄三、由利子とともに火あぶりにされそうになり、通訳のアルバイトを後悔する。

長（和沢昌治）

三の父で、第五太平丸の船主。ベテラ
ン漁師であり、雄三の目標だった様子。
ールに殺害されてしまった。

ジラー（高木 弘）

コンパス島の若者で、アニタのことを好
きだった。雄三にライバル心を燃やすが、
スダールにやられてしまうことになる。

タラー（池田 宏）

コンパス島の少年で、アニタの弟。崖で
スダールに狙われてピンチに陥るが、間一
髪で万城目に救われた。

野長瀬三摩地によると、
作品のイメージは『ターザ
ン』だという。それでジェ
ーンも必要ということに
なったらしい。当初アニ
タ役は歌手の日野てる子
だったが、ロケセットが
台風で壊れるというアク
シデントのためにクラン
クインが遅れ、日野のス
ケジュールが合わなくな
ったらしい。

序

　雄三がコンパス島へ打ち上げられた3日後、日本ではコンパス島への取材班が組まれていた。アニタの看病で元気を取り戻した雄三が嫉妬に狂うジラーともめていると、島の太鼓が鳴った。万城目たちが島に上陸してきたのだ。島主は一同の上陸を拒否するが、万城目が命がけでスダールからタラーを助けたため、滞在は許可される。万城目は、雄三に一連の事故の犯人がスダールだと告げた。

破

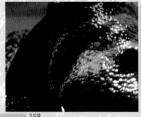

　雄三の頼みで、アニタは島の禁忌を犯してスダールの棲みかを教えた。それを万城目と一平がバッカス島から無電し、国連飛行隊機が機出動する。だが、雄三、アニタ、由利子、南は火あぶりの刑に処れることになってしまった。飛行隊の爆雷攻撃が始まった隙に、万目と一平は由利子たちを助け出すが、そこに巣を追われたスダール上陸してくる。ジラーがやられ、島の一同は槍を手に立ち向かう。

HIGHLIGHT

HIGHLIGHT

大きな船のミニチュアを使用したスダールの襲撃からスタートする本エピソードは、南洋冒険活劇とでもいうテイストの一編である。コンパス島の映像は、海にイラストの島を合成して表現された、東宝映画ではポピュラーな手法。スダールと万城目の対峙シーンでは、崖の切れ目を生かしたマスク合成と実物大のタコの足を併用して効果をあげている。コンパス島の岩場は三浦半島の剣崎でロケーションが行われており、島の村は東宝の生田オープンに組まれ、一部シーンは神奈川県横浜市のこどもの国や剣崎でも撮影されている。毎日新報で中央にいるのは金城哲夫で、「地底超特急西へ」「1/8計画」などに並んでの出演例となっている。

雄三も、槍を手にした。アニタもライフルを手にする。万城目たちも、スダールへの槍による攻撃を始めた。必死の攻撃が功を奏したのか、爆雷で弱っていたスダールは、ついにその動きを止めていく。こうして、島の魔神でもあったスダールは死んだ。翌日、万城目たちは日本への帰路につく。雄三は、島に残ることにした。そんな雄三の傍らには、微笑むアニタの姿があった。

Character ★

大だこ スダール

SUDAR：全長100m（足の長さ200m）　体重3万t

ミクロネシアのコンパス島近海、「死の海」と呼ばれる海域で暴れまわる、想像を絶する巨大なタコ。その海域で漁船などを襲い、乗組員などを餌としているが、コンパス島の島民の多くも犠牲になっている。スダールが存在するため島に外敵が侵入しないというメリットもある。島民にとってスダールは一種の魔神でもあり、「スダール信仰」とでもいうべき、大ダコを畏怖する思想も根強いようだ。その武器は200mにも及ぶ巨大な8本の足で、これで人間を締めつけて殺害してしまう。その棲みかは、コンパス島沖合の岩の突き出たところの下である。

スダールの撮影で、メインで使用されたのは操演用の造形物で、東宝映画『フランケンシュタイン対怪獣』の海魔大ダコの流用らしい。人を襲う実物大の足は、高山良策製である。

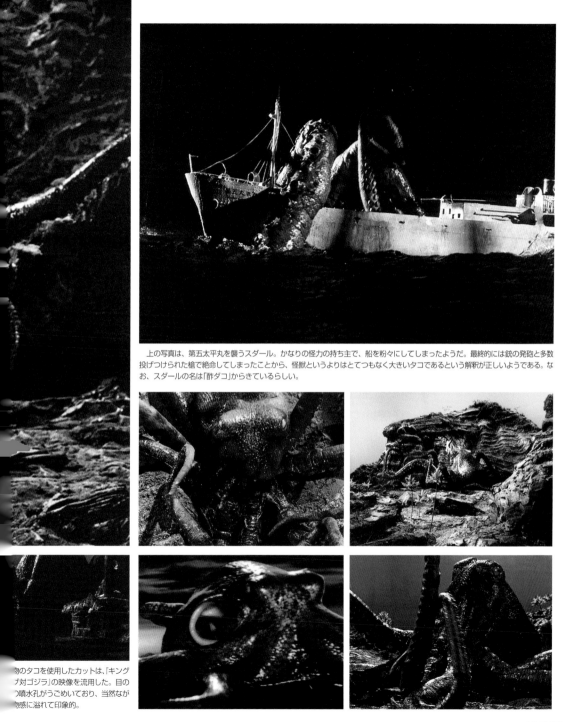

上の写真は、第五太平丸を襲うスダール。かなりの怪力の持ち主で、船を粉々にしてしまったようだ。最終的には銃の発砲と多数投げつけられた槍で絶命してしまったことから、怪獣というよりはとてつもなく大きいタコであるという解釈が正しいようである。なお、スダールの名は「酢ダコ」からきているらしい。

物のタコを使用したカットは、『キング
グ対ゴジラ』の映像を流用した。目の
の噴水孔がうごめいており、当然ながら
物に溢れて印象的。

第24話 ゴーガの像

制作No.26（脚本No.23） 1966年6月12日放送　脚本／上原正三　特技監督／的場徹　監督／野長瀬三摩地

古美術に取り憑かれた岩倉は、アーブ国から届くゴーガの像を心待ちにしていた。その像は瀬川の娘、タミを利用して日本国内に持ち込まれ、謎の女、アリーンによって空港から持ち出されていた。だがそのときの行きがかりで、タミもアリーンの車に押し込められてしまう。アリーンを追っているらしいサングラスの男が車を追跡するが、そこには爆弾が仕掛けられた空の車があるだけだった。輸送主任を名のるアリーンは、岩倉会館に到着した。

岩倉孫一郎（松下達夫）

岩倉コンツェルン会長で、世界的な美術品を収集するために自ら密輸行為を行う。岩倉会館の地下に、秘密の収集部屋をもつ。

瀬川大使（笠間雪雄）

アーブ国駐在大使。妻の高子（佐乃美子）とともに日本へと帰ってきた。姿を消した娘、タミのことを心配する。帽子の人物。

アリーン＝リャン・ミン（田原久子）

アリーンに扮して岩倉に近づく、国際文化財保護委員会・秘密調査官Ａ３。アーブ大学の教授で考古学博士でもある。

タミ（山県玲子）

瀬川大使の７歳の娘、民子。香港で見知らぬ老婆にゴーガの像を渡され、そうとは知らず日本に持ち込み、誘拐されてしまう。

田（入江正徳）

上自衛隊所属で、ゴーガ対策本部員。目たちを岩倉会館で発見し、苛性カリゴーガに打ち込む際も活躍した。

大野（右から2人目・相沢治夫）

ゴーガ対策本部の責任者。戦闘機の攻撃にもまったく平気なゴーガに唖然とする。苛性カリ弾を使用する作戦に、ゴーを出す。

ゼロ（日恵野 晃）

岩倉の一の手下。スナイパーとしての腕は抜群で、秘密調査官Ｎ２を狙撃した。岩倉の言葉には忠実で、リャン・ミンを狙う。

『化石の城』として企画されたが、文明批判という視座はそのまま残しつつもまったく違うドラマのスパイ活劇として完成した作品だ。野長瀬監督は『007』的なテンポを目指したということで、とくに番組冒頭は急ぎ足で間をつめていったという。

ゴーガの像を手に、岩倉はご満悦。だが、盗まれたゴーガの像が日本に持ち込まれたことを、毎日新報がかぎつけた。そのゴーガの像の目が光った。像の目から放たれた光線が岩倉の部下の顔を焼き、砕け散った像から、貝のような生物が現れる。万城目らが、狙撃されたＮ２の通信機でリャンの通信を聞くが、正体がばれたリャンはピンチに陥る。そんな人間の動きをよそに、生物は巨大になっていく。

破

万城目たちは岩倉会館に急行し、タミを救おうとする。だがその会館に、巨大な生物、ゴーガが接近して危機が迫る。砂漠の魔王像の下敷きになって岩倉は絶命するが、万城目やリャンたちは対策本部に助け出された。ゴーガは暴れまわり、東京は滅びの危機に。万城目の提案で、ゴーガの目を封じることになった。苛性カリ弾がゴーガに撃ち込まれ、現れたリャンを狙うゼロが、ゴーガにつぶされてしまう。

このエピソードは、ちょっと複雑な筋立てのスパイチックな物語で、随所に海外スパイ映画のエッセンスが取り入れられている。配役にも、意外な見どころがある。まずは「ウルトラ」ファン必見、岩倉の密輸団の一員、蜂と呼ばれる男を第4話以来の古谷敏が演じており見逃せない。密輸団の猫は、無名時代の山谷初夫である。死んだN2を乗せて走るダットサンSR311に万城目が飛び移るシーンは、いかにもスパイ活劇。通常はスクリーンプロセスで処理されるが、オプチカルで処理された。岩倉会館は、悪の秘密基地として機能。滅びるのは必然であった。

ダメージを受けたゴーガは、頭部を殻に引き込むと、殻頂部を回転させて地中に逃げ込み、その後、神田に姿を現した。それをキャッチしていた対策本部はゴーガを徹底的に火攻めにする。殻を回転させて炎から逃れようとするゴーガだが、ついに断末魔を迎える。瀬川夫妻がタミを迎えに現れ、事件は収束しつつあった。だが、リャンは語る。「人々が心をなくしたとき、ゴーガは蘇るといわれています……」と。

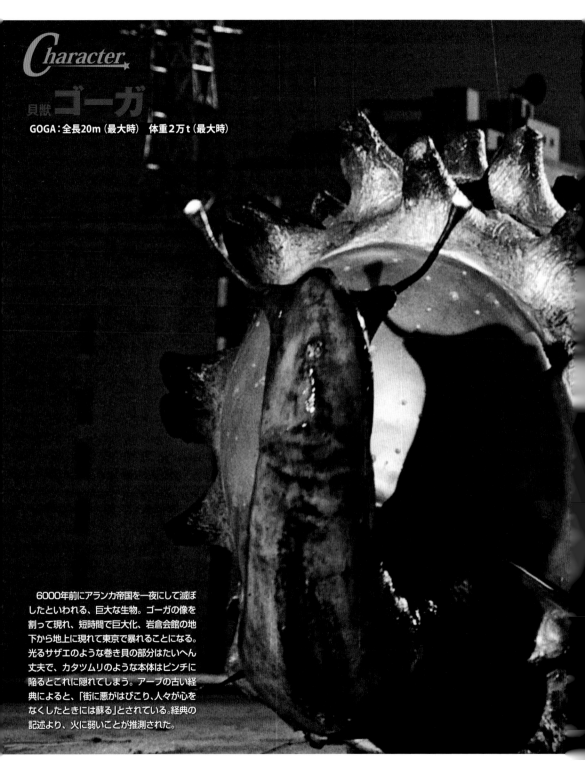

Character

貝獣 **ゴーガ**

GOGA：全長20m（最大時）　体重2万t（最大時）

6000年前にアランカ帝国を一夜にして滅ぼ
したといわれる、巨大な生物。ゴーガの像を
割って現れ、短時間で巨大化、岩倉会館の地
下から地上に現れて東京で暴れることになる。
光るサザエのような巻き貝の部分はたいへん
丈夫で、カタツムリのような本体はピンチに
陥るとこれに隠れてしまう。アーブの古い経
典によると、「街に悪がはびこり、人々が心を
なくしたときには蘇る」とされている。経典の
記述より、火に弱いことが推測された。

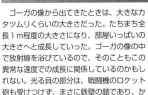

ゴーガの像から出てきたときは、大きなカタツムリくらいの大きさだった。たちまち全長1m程度の大きさになり、部屋いっぱいの大きさへと成長していった。ゴーガの像の中で放射線を浴びているので、そのこともこの異常な速度での成長に関係しているのかもしれない。光る貝の部分は、戦闘機のロケット砲も受けつけ、まさに鉄壁の鎧であり、かつてのアランカでは、まったく対抗策がなかったであろうことは容易に想像できる。このゴーガの造形物は全長30cmほどのものと全長1mほどのもの、そして8cmほどのサイズの3種が製作されており、場面に応じて使い分けられた。巻き貝部分がドリルのように回転するギミックの製作者は、佐々木明である。

ゴーガの特徴のひとつに、地中移動能力がある。本体を巻き貝部分に納めて殻頂部をドリルのように高速回転させ、コンクリートでも突き破って潜っていってしまうのだ。数キロの距離なら、短時間で移動することができる。

最大の武器は、目から放つ光線。脚本では溶解液とされており、たしかにこれを受けた猫は、どろどろに溶けてしまっている。戦闘機も、一撃で大破してしまった。

ゴーガの像

岩倉がアーブ博物館から盗み出させた、アランカ帝国の神像。胸部にゴーガが潜んでおり、放射線鑑定によりゴーガは活動を開始してしまった。ゴーガが成長するとゴーガの輝きが目から漏れ、その光線を目から発射する。像の裏面には、「驕れる者たちへ、6000年の呪いを込める、アランカは罪とともに没す」と記されている。

制作No.2（脚本No.3）　1966年6月19日放送　原案／熊谷 健　脚本／北沢杏子　特技監督／川上景司　監督／梶田興治

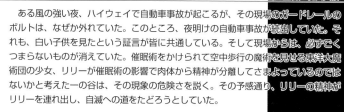

　ある風の強い夜、ハイウェイで自動車事故が起こるが、その現場のガードレールのボルトは、なぜか外れていた。このところ、夜明けの自動車事故が続出していた。それも、白い子供を見たという証言が皆に共通している。そして現場からは、必ずごくつまらないものが消えていた。催眠術をかけられて空中歩行の魔術を見せる東洋大魔術団の少女、リリーが催眠術の影響で肉体から精神が分離してさまよっているのではないかと考えた一の谷は、その現象の危険さを説く。その予感通り、リリーの精神がリリーを連れ出し、自滅への道をたどろうとしていた。

赤沼（小杉義男）

　東洋大魔術団の魔術師。催眠術も得意で、リリーを眠らせるために毎日催眠術をかけていた。リリーの実の父かどうかは不明。

トラック運転手（権藤幸彦）

　突然トラックの前を白い子供が横切ったため、事故を起こし気絶。「チビ」に、サルのおもちゃを買って帰る途中だった。

リリー（坂部紀子）

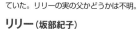

　「催眠術がないと眠ることができない」体質の少女で、母親は「お山」にいると赤沼から聞かされていた。精神離脱時の記憶はない。

ドライバー（河辺昌義）

　時速120kmでハイウェイを走行中、なにかに驚きハンドルを切り損ね、外れていたガードレールから飛び出してしまった。

珍（宮田芳子）

　東洋大魔術団で、刀の曲芸を行っていた中国人女性。みごとな翡翠のペンダントをしており、リリーが欲しがっていた。

鏡の前の男（須田準之助）

　東洋大魔術団の男性で、鏡に映っていないリリーの精神体を目撃した。その驚きぶりは、尋常なものではなかった。

イロット（荒木保夫）

中の杉本カメラマンを乗せて飛行中、
クリリーの精神体を目撃。驚きのあま
ェスナを山中に墜落させてしまう。

本エピソードのラストシーンのナレーションは2種類存在し、『総天然色ウルトラQ』版のナレーションは、未放送のものらしい。「いったい、子供が犯罪を犯すものでしょうか？　それも天使のように純真な子供が。しかし、子供がその環境によって脳組織のバランスを破壊されたとき、完全な犯罪者となりうるのです。では、また来週まで」こちらは、過去のレーザーディスク、ビデオに収録されているが、そのナレーションの趣旨が、ドラマの内容と若干齟齬があるように感じられる。

序

　万城目たちと一の谷は、東洋大魔術団の舞台を鑑賞した。赤沼が見せるリリーの魔術を、一の谷は人体電気を利用したものと看破する。珍のペンダントを欲しがるリリーが赤沼の催眠術で眠りについた頃、ガードマンやトラック運転手が白い子供を目撃、毎日新報でも白い子供が引き起こす事故が話題になっていた。一の谷は一連の事故の原因を、リリーがシナプスの破壊現象を起こすためだと考えていた。

破

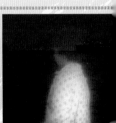

　舞台で、リリーが倒れた。楽屋へリリーを見舞った万城目たちにリリーへの催眠術使用が常態化していることを知り、リリーのオルゴールの箱の中にさまざまなものがあることを目撃した。深夜の12時リリーの肉体から精神が分離した。笑いながらさまよい歩く精神体に杉本を乗せたセスナを墜落させ、オルゴールの箱の中には杉本の指があった。一の谷は、状況が最終局面を迎えていることを直感する

「悪魔ッ子」は制作が進んでいたため、怪獣路線ではないが日の目をみることになったエピソードで、ミニチュアによる特撮シーンは杉本のセスナしかなく、特撮の力点はリリー精神体の光学合成に集中された。その見せ場となる列車のシーンは当時の国鉄の協力で昼間に八高線の箱根ヶ崎で撮影されており、万城目の決死のリリー救出場面は合成ではなく、一発撮りだそうだ。本作で相馬・杉本コンビが最期を迎えるのは、やや残念である。超短波ジアテルミーは、温熱治療器からの発想であろう。

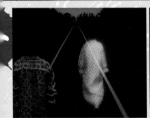

　精神体が、リリーを母親がいるといわれている「お山」へと連れ出した。線路伝いに歩く精神体は、列車によりリリーを轢死させようとしていた。そこに、超短波ジアテルミーを携えた万城目と一平が駆けつける。ジアテルミーがリリーの人体電気のバランスを正常に戻して精神と肉体を融合させ、万城目が危機一髪、列車からリリーを救う。そして数日後、ピエロに転身した赤沼と引退するリリーの姿があった。

リリー

LILY：身長1.2m　体重不明

リリーのオルゴールの箱の中には、珍しの翡翠のペンダント、懐中電灯の電球、ガードレールのボルトなどが入っていた。大人にとってはさして重要ではない、いかにも子供が欲しがるものが多い。

1万人に1人のレベルで人体電気のボルト数が極めて高いため、催眠術にかかりやすい体質である少女。日常的に催眠術をかけられていたため、シナプスの破壊現象が起こり人体電気の＋－のバランスが崩れ、精神が肉体から分離するようになってしまった。精神体は夜な夜なさまよい、さまざまな事故を巻き起こしてしまう。

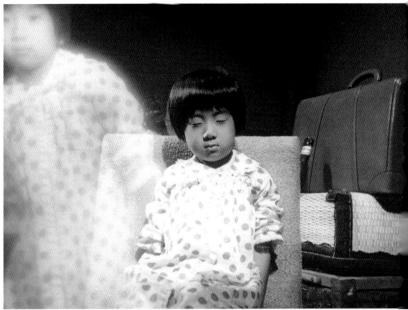

赤沼に催眠術をかけられて眠るが、深夜になると催眠術時に使用するオルゴールが鳴り始め、リリーから精神が抜け出す。その精神体は、リリーが欲しいと思ったものや自らが興味をもったものを手に入れるために行動するようだ。精神体の行動や記憶はリリーにはまったく残っておらず、リリーは起きると血がついていることなどを不思議に思っていた。

分離した精神体は、夜な夜な街や港、ときには空で遊びまわっている。だが精神が分離して活動することは、リリーの肉体に、かなりの負担を与えるようだ。このシナプスの破壊現象が進むと、最後には精神が肉体に押し寄せるようになり殺そうとするのだが、その根拠は不明のままである。

リリーの精神体は、黒バックで撮影されたリリーを撮影済みのフィルムに光学合成で焼き込んで表現されたが、1カットだけ作画合成により「白い子供」の映像が作り出されている。

第26話 燃えろ栄光

制作No.18（脚本No.20） 1966年6月26日放送　脚本／千束北男　特技監督／的場徹　監督／満田稠

右のダイナマイト・フックでビリィ・前原をマットに沈めたボクサー、ダイナマイトジョーは、ペットのピーターにお伺いをたて、次の対戦相手の河津を予告どおり3ラウンドでKOした。続くスケレトシは5ラウンド、除姜林は4ラウンドと予告どおり倒していく無敵のジョー。そんな人気の絶頂にあり、世界チャンピオン、ロニィ・カンボとの試合を控えるジョーが、突然姿を消してしまった。万城目は、意外な場所でそのジョーを見つけるか。

ダイナマイトジョー（工藤堅太郎）

目の不調もあり、ピーターに負けを予言されたことで姿を消し、ピエロを演じていた。やや、酒に溺れている様子だ。

ビル・大山（穂積隆信）

シーサイドホテルのショーのリーダー。マリンファンタムショウを主催するジョーの幼なじみで、事情は聞かずに雇う。

奥井金太郎（武藤英司）

ジョーが所属する、オーロラジムのプロモーター。ジョーとロニィ・カンボの試合を必ず行うと、マスコミに確約する。

アナウンサー（羽佐間道夫）

KBSK-TVのアナウンサーで、ジョーの試合の実況中継を担当。突然のジョーの失踪の報せも告げていた。

174

俳優A（森川公也）

ダンサー（竹部バレエグループ）

マリンファンタムショウで、キレのいいダンスを披露していた。プールで消えたピーターの捜索にも加わっている。

のもとに押し掛けてきた、スポーツ奥井に対しては、なぜかずいぶん強勢で臨んでいる。

ダイナマイト ジョー
Joe the Dynamite

ウルトラQ　NO.20
脚本・TBS・円谷プロ　さ日転

ジョー役の工藤堅太郎は当時『夕日と拳銃』でブレイク、主役ドラマを何本も抱えるトップスターだったが、駆け出し時代からの満田監督の知り合いだったためオファーを快諾、ほかの撮影は休んで「燃えろ栄光」に出演したという。主な舞台となるホテルとプールは赤坂プリンスホテルで、ヨットハーバーは神奈川県三浦市の油壺で撮影された。

序

　ロニィ・カンポとの世界選手権に張り切るジョーが、試合の7日前に消えた。そんなジョーがホテルのショーでピエロを演じていることに、万城目は気づく。大山がピーターを水槽から出したため、ピーターは巨大化して大山を追いかける。一方、ピーターがいないと騒ぐジョーの楽屋で、万城目はジョーを問いつめる。ジョーは、虚を衝かれた。それをよそにプールでは、大山がピーターに追われていた。

破

　ジョーは、フィリピンでハミト・マイヤアに勝利したお祝いの釣りでのピーターとの出会いを語る。そして、試合を放棄した理由も説明した。その話を聞いた由利子は、記事を書く気が失せる。城目たちが再びジョーを訪ねると、大山が、プールで極小化してまったピーターを捜していた。意気消沈するジョーだったが、落で発生した火事の熱によりピーターが巨大化して姿を現す。

HIGHLIGHT

　本エピソードは満田監督の意欲的な演出が光る作品であり、ジョーの画面が破れて次の場面になり、そこに敗れたジョーの写真があるなどの狙いが心憎い。フィリピンを回想するシーンでも場面転換直後は画面に現在のジョーが合成されており、わかりやすさと映像的な面白さが同居している演出も注目したい。特撮の見せ場は、精巧に作られたヨットハーバーのセットとオープンで撮影された林の火事のシーンである。『ウルトラQ』制作後期の特撮を担った的場徹は、大映の撮影所長の提案で、円谷プロに籍をおきながらも大映の所属も抹消していなかったという。

　もがき苦しむピーターを助けようとするジョーは、万城目の助言に従い、ピーターを海に誘導し始めた。迫る炎も恐れず、ピーターを呼ぶジョー。ジョーを追うピーターが、ヨットハーバーのガソリンのドラム缶を蹴ってしまった。たちまち、あたりは燃え上がっていく……。朝が来た。倒れた試合の看板を立て直すのは、ジョー。ピーターを海に帰したジョーは、再びボクサーに復帰する意欲に溢れていた。

深海怪獣 ピーター

**PETER：全長20㎝〜30m
体重500g〜1万5000t**

　学名アリゲトータスで、一度日本海溝の深度数百mの海底で捕獲されたことのある、超深海生物。トカゲに似た外見をしており、カメレオンのような巻き舌をもっている。特殊なリンパ液のために温度に敏感に反応し、熱いと大きく、寒いと小さくなる。フィリピン沖でジョーの釣り針に引っ掛かり、何度捨てても釣れるため、奥井が縁があると言い出して日本へ連れ帰ることになったという。マッキー・高野との試合の結果を6ラウンドKOと答えて以来、ジョーの心をつかみ、大切な存在となる。演技者は中村晴吉。

水槽などでのシーンではイモリとヤモリが使用されているが、巨大化する場面ではモデルが使用されている。造形物をズームアップ撮影して光学合成し、巨大化のカットが作られた。

ピーターはジョーがつけた名前で、作品中でも怪獣としてではなく、大きくなる能力があるだけのあくまでも動物として描かれており、ジョーはもちろん、人間にかなり馴れている様子だ。そのデザインは成田亨で、造形はエキス・プロダクションと言われている。人間大時は四足歩行だが、巨大化すると二足歩行になる。

着ぐるみが2着あるという説があるが実際は1着らしく、本編撮影後に舌が伸びるギミックが追加されたようだ。火事のシーンでの炎のゆらめきを反射させるために小さなミラー片もボディに張り付けられ、口の周りにはヒゲも付けられている。人間大時のアップシーンにも、この巨大化後用に改造された着ぐるみが使用されており、ピーターのおどけた雰囲気がうまく醸し出された。

巨大化後で使用されている特撮用の着ぐるみは、巻き舌のギミックがある。炎の中でのピーターの演出で、効果的に生かされた。この火事のシーンは、撮影所の東京美術センターがあった丘のふもとで消防車を呼んだうえで撮影されたという。

これは、1966年4月17、24、29日に多摩テックで開催されたイベント「ウルトラQ大会」で展示されていたピーター。メインスチールもそうだが、かなり傷みが激しい。

第27話 206便消滅す

制作No.9（脚本No.4／『UNBALANCE』時、脚本No.5） 1966年7月3日放送　脚本／山浦弘靖・金城哲夫
特技監督／川上景司　監督／梶田興治

助監督／撮影　高野宏一
照明　堀江養助
美術　渡辺明
操演　石井清副
光学撮影　中野稔

出演者

佐藤健二

江川宇礼雄

西條康彦
桜井浩子

桐野洋雄
大前亘

八代美紀
緒方燐作

鈴木治夫
岡部正
伊藤実

山田圭介
古河秀顕
福留幸夫

小泉博

伊藤久哉

監修　円谷英二

脚本　山浦弘靖
金城哲夫

特技監督　川上景司

撮影　内海正治
照明　小林和夫
美術　清水喜代志
操演　キヌタ・ラボラトリー

監督　梶田興治

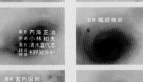

整音　宮内国郎
編集　氷見正久
効果　沢村一郎
合成録音　湯田耕

制作　円谷プロダクション

　香港発の超音速ジェット旅客機206便に、万城目と一平の姿があった。香港でのパイロットの講習会の帰りなのだ。凶悪犯、オリオン太郎もその便で護送されていた。その目的地、羽田空港には万城目たちを迎えに由利子が来ており、偶然、一の谷と一緒になる。206便の行く手に、突然不思議な渦が現れた。機長らの回避行動は間に合わず、206便は渦の中に飲み込まれる。206便消滅。羽田空港はたちまち慌ただしくなり、管制塔でも状況はつかめないでいた。

オリオン太郎（桐野洋雄）

　指名手配されていた、殺人犯。香港で逮捕された。気がたっており、キャンディも「いらん！」と乱暴な物言いであった。

木村英子（八代美紀）

　206便の客室乗務員。乗客に微笑む様子が、初々しい。怪事件に遭遇しても、冷静に無線機の修理を乗客に依頼している。

中村副操縦士（緒方燐作）

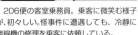

　機長ともども、順調なフライトにすっかり安心していたが、予想外の事態に、機長をアシストしようとする。

刑事（鈴木治夫）

　オリオン太郎を護送していたが、気を失っている間に、オリオンに手錠をはめられてしまって、いいとこなし。

剝官(中央・伊藤 実)

子の部下で、冷静に状況を報告していた。
羽田空港がペギラの影響で氷漬けに
ときも、管制塔にいた。

金子主任(小泉 博)

羽田空港の管制塔の責任者。一の谷の教
え子で、実務一辺倒な様子。そのストレー
トすぎる発言に、由利子は失神する。

飯島機長(伊藤久哉)

旧日本軍のパイロットだった可能性があ
る。謎の空間にて太平洋戦争中の戦闘機を
眼前に、かなり嬉しそうだった。

　本作は『UNBALANCE』
の一本として脚本が作ら
れたが、怪獣路線への変
更のため急遽トドラの登
場シーンを加えて『ウルト
ラQ』名義の脚本にされて
いる。そのため怪獣の登
場に唐突感は否めず、異
空間の恐怖や不可思議
などの演出もやや中途半
端なまま終わってしまっ
たことが惜しまれる。

序

206便が事故らしい。金子の「空中分解」の言葉に、気を失う由利子。羽田上空にジェットの飛行音が響くが、機影はない。雲海の中のような世界に、206便はいた。そこでオリオン太郎は拳銃を手に逃亡を企て、万城目や飯島たちを人質に雲海の中へ出る。そこは、太平洋戦争中の軍用機の墓場だった。オリオンが雲海の中にあるガラス状の物質をダイヤモンドだと目の色を変えた隙を狙い、万城目が実力行使。

破

オリオンが雲海の割れ目に落ちた直後に何かの吼える声が響き、煙の中から巨大なアザラシのような生物が現れた。万城目は銃を撃つが怪獣にはまったく効かず、戦闘機を破壊して迫る。オリオンの流れ弾で怪我をした飯島たちを支え、逃げる万城目。無線機の修理が進む206便を目指して、怪獣が進撃してくる。飯島らの怪我に、悲鳴を上げる乗客たち。万城目は、206便の操縦を買って出るが、もう時間がない

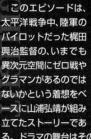

このエピソードは、太平洋戦争中、陸軍のパイロットだった梶田興治監督の、いまでも異次元空間にゼロ戦やグラマンがあるのではないかという着想をベースに山浦弘靖が組み立てたストーリーである。ドラマの舞台はその異空間になるので監督は凝ったものを志向したが、技術上の問題でスモーク処理に落ち着いたのだという。その空間への出入り口となる渦は、なんと洗濯機で作られたもので、水に206便を浮かべ撮影したそうである。劇中登場する戦闘機は、ミニチュア。原寸大のゼロ戦は、先端と尾翼のないものが使用されている。

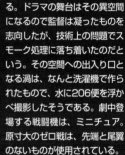

　エンジンがかからない。エンジン調整の間、万城目は直った無線機で管制塔と連絡をとるが、206便が東京上空と聞いて信じられない。怪獣が一歩一歩迫るなか、ようやく調整が終わった。激しいジェット噴射を怪獣に浴びせ、206便は飛び立つ。燃料がもうないことに焦る万城目は、意を決して目の前の渦に飛び込んだ。空中の渦が消え、現れる206便。富士山上空を飛ぶ、206便の雄姿。

Mechanic
超音速ジェット旅客機
206便

国産の超音速ジェット旅客機で、消滅事件のしばらく前に香港〜羽田空港間のルートに206便が就航した。通常のジェット旅客機と比べ、全体に鋭角的で、機体後方についた高性能ジェットエンジンを装備したコンコルドのようなデルタ翼に特徴がある。異次元との壁である空中の渦を2度も通り抜けたことから、その機体の頑丈さは、かなりのものだと思われる。

　左は、客室全体を確認できるカット。高速機にありがちなことだが、座席数は少なめである。その操縦席は自動化が進んでいるようで、2基のジェットエンジンの調整も、居ながらにしてできる様子。そのジェット噴射は、怪獣が悲鳴を上げるほど強力である。

四次元の世界

変わった雲のように見えるが、その内部は赤と黒の
空と、劇中では氷原とも呼ばれる雲海で構成された異
次元空間。東京の上空に位置しているらしく、太平洋
戦争の時代から各国の軍用機などを呑み込んできたよ
うだ。その「壁」にときおり現れる空中の渦以外に出入
り口は存在せず、ダイヤモンドと見まがうガラス状の
物質が、そこここにある。巨大なアザラシ以外の生物
はいない、まさしく死の世界である。

東京上空に少なくとも太平洋戦争の時代から存在すると思われる、異次元空間に棲む巨大なアザラシに似た怪獣。その牙の長さは8mで、立ち込めた霧のようなものの中から突然現れ、恐ろしい声で吼えながら空間に迷い込んだ者に襲いかかる。太平洋戦争時の戦闘機などを簡単に蹴散らして破壊し進撃する。巨大なヒレ状の前肢は大きく、かなりの怪力を秘めているものと予測できる。206便を襲うが、あと一歩で逃げられた。演技者は福留幸夫。

四次元怪獣 トドラ

TODOLA：全長30m　体重2万5000 t

海棲哺乳類の性質とは無関係のようで、一度狙ったものは、決して逃さない執念深さかあるようだ。
本作は急遽怪獣を登場させることになったエピソードであることから、怪獣を製作、または改造する
時間的余裕はなかったようで、東宝映画「妖星ゴラス」に登場した怪獣、南極怪獣マグマの着ぐるみに
ヒゲを付けるなどして使用されている。当時の怪獣解説では、「四次元の氷原に住む」とされていた。

第28話 あけてくれ！

制作№5（脚本№6）1967年12月14日再放送にて初放送（第24話）　脚本／小山内美江子
特技監督／川上景司　監督／円谷 一

　休暇を楽しむ万城目と由利子は、一平を置き去りにして2人だけのデートを楽しんでいた。すると、道に男が倒れており、男は踏切の信号が鳴ると「あけてくれ！　降ろしてくれ！」と騒ぎ始める。男はその夜、深酒のあげく見知らぬ電車に迷い込み、そこで友野という男からその電車が「別の世界」へ行くためのジャンプ台だと聞かされ、自らの過去を突き抜けつつある様を目撃したというが……。

沢村正吉（柳谷 寛）

　仕事に、人生に疲れはて、遠くへ行きたいという願望が強いが、現在の生活を捨てられない。家庭は、円満ではない様子だ。

沢村トミ子（東郷晴子）

　気が弱く、すべてに煮え切らない夫を見限り始めている、沢村の妻。「なぜなの！」と沢村への態度は相当にキツい。

友野健二（天本英世）

　SF作家で、スランプ時に強く逃避願望をつのらせ、その結果「別の世界」への扉が開かれた。現在は、その世界とのつなぎ役。

沢村の上司（佐田 豊）

　沢村が勤める会社の管理職で、部長。嫌味たっぷりに沢村にアンプル剤を渡すが、思わぬ沢村の反抗にヒステリーを起こす。

〇〇主任(石田茂樹)

〇庁の会議で、昨年10月の城山車庫と
〇金城線向田駅構内における電車消失
〇口外無用を、出席者に要請した。

車掌(堤 康久)

次元を突き抜ける電車で、運行や乗客の
管理をしている。正式な客ではない、「無札
乗車」が多いことに迷惑していた。

松代(森 今日子)

友野健二が留守の邸宅を、1年半も守っ
ている家政婦。本当は、いろいろなことを
誰かに話したくてウズウズしている。

脚本を読んだ円谷一が
惚れ込み、ぜひ自分で監
督することを希望したと
いう『UNBALANCE』の
一編で、「幽霊自動車」とと
もに制作される予定が、
「宇宙からの贈りもの」と
のカップリングになった。
内容が難解だということ
で放送が見送られ、その
代わりに「ウルトラマン前
夜祭」が急遽放送された。

序

「帰らないわよ、あたし」息のつまりそうな世の中からの逃避願望は、由利子ですらもっていた。万城目と由利子が拾った沢村は、電車にひどく怯え、一の谷研究所で本多の催眠術にかかり、迷い込んだ電車での恐怖の体験を語る。電車から見える自らの過去、かつての出征する自分を見送るけなげな妻と娘の姿が、沢村に「別の世界」へ行ってはいけないという気持ちを強くさせたのだが……。

破

沢村と同じ電車に乗っていたらしい女性がいたため、一の谷と本多は沢村の話を信じていた。由利子は、友野を調べることにした。家政婦によると原稿は送られてくるし、電話での指示もあるという。沢村を迎えにきた妻が、沢村のふがいなさをなじり、娘はそんな両親に絶望する。かつての家族は、もういない。警視庁で電車消失事件の会議がもたれている頃、沢村は会社に行き、すべてを捨てる決心をした。

「あけてくれ！」は、制作された1960年代中盤の社会を恐ろしいまでに背負った作品である。当時は著しい経済成長の歪みがそこここで噴出した時期で、そのひとつが人間の蒸発であり、家庭崩壊であった。その意味で本エピソードがメタフィクションとして成立することは必然であり、そこに「あけてくれ！」の存在意義はある。さて、映像的に目を引くのは、

やはり電車内と友野の描写だ。沢村の過去の万華鏡は、ある種の悪夢である。そして、どこまでも沈んでいくエレベーター。ミニチュアのズームで表現されているこのシーンは、心理描写としても優れている。ロケ地で言及したいのは、外務省の外観と成城学園前駅の駅前の2つだ。

「ここは確かに、あたしたちがいる、ここなんでしょうね」由利子は、自分たちの存在の不確かさを実感する。すると、いきなり車のファンベルトが切れた。後部座席を見ると、友野の著作が。その本には、友野が「延長でも模倣でも、デフォルメでもない」生活を享受できる世界へと導かれた様子が描かれていた。万城目と由利子は、それを信じて納得する。その夜、電車に「乗せてくれ！」と叫んでいる沢村がいた。

Mechanic
異次元列車

すでに次の世代が誕生しているという「別の世界」の人間たちが、自分たちの世界と我々の世界をつなぐためにジャンプ台として利用している電車。空間だけでなく、時間をも突き抜けることができ、まさにユートピアともいえる世界に、希望した人間を運んでいくらしい。その発車する場所は不明だが、おそらくどこかの駅の片隅などで、ひっそりと発着しているものと推測できる。

車掌が困って
ことからも、逃
む人間も多いよ
会社重役の千葉
璋夫)や学生の村
年(古河秀樹)、い
かな婦人(東 静
どが、沢村と同
車に無札乗車し
まっていた。

小田急電鉄とのタイアップで、メインの異次元列車には、当時の小田急電鉄の特急ロマンスカーが使用されており、車内外のシーンは喜多見車庫で撮影されたようだ。今回のカラー化では、制作当時の車両のカラーリングが再現されている。なお、ミニチュアは、4両編成の場合と8両編成の場合がある。

異次元の世界

エレベーターを使い、いつの間にか空間と時間を超越してしまった友野が、最初に目にした「別の世界」。空を飛ぶ2種類の列車と自動車が印象的だ。遠くには、東宝映画『妖星ゴラス』で使用された宇宙ステーションも確認することができる。水面は、「別の世界」の撮影後に合成されたものである。

警視庁内で行われた会議の出席者が見た、8ミリフィルムの映像。城山車庫で列車1両が空へと飛び去っていく様子が、偶然に撮影された。現実の電車としては、東急世田谷線（制作当時は玉川線）が想定できる。なお、このフィルムの撮影者役は、第2話、3話、22話にも登場する、生方壮二である。

ウルトラQ

ウルトラＱ 未発表エピソード＆ストーリーの変遷

膨大な手間をかけて制作された『ウルトラＱ』は、多種類の準備稿、未使用稿、プロットなどが存在する。簡単ではあるが、どのようなものがあったかを、ここでまとめてみたい。

番組企画時に制作された、『UNBALANCE』の企画書に添付されたサンプルストーリーが『ウルトラＱ』の第一歩といえ、とりまとめたのは、円谷特技プロの企画文芸部の金城哲夫と熊谷健。日本ＳＦ作家クラブのメンバーによる作品も散見される。その数は13本で、まずはタイトルを列挙する。企画文芸部長たる金城の手によるのは「マンモス・フラワー」「女王蜂の恐怖」「大蛸の逆襲」「魔の一夜」「変身と変心」「宇宙新婚旅行」などで、ＳＦ作家の半村良と金城の共作に「幽霊自動車」がある。

熊谷は「悪魔っ子」を用意し、雑誌の構成で知られる大伴昌司は「霊界放送局」、『Ｓ-Ｆマガジン』の初代編集長でもあるＳＦ作家、福島正実は「マグマ」「宇宙バクテリア」、ＳＦ作家の光瀬龍は「魔のグランプリ」を提供している。なお、「突然変異」は作者が不明である。以上の1クール分13本がその陣容で、「マンモス・フラワー」と「悪魔っ子」「大蛸の逆襲」「変身と変心」以外は、怪獣路線への変更によって日の目をみることはなかった。これら未使用となったプロットのなかでも「幽霊自動車」は第1クールの一本とし、「あけてくれ！」とともに円谷一監督作品として脚本化され、ロハンまでもが行われていたにもかかわらず、制作が中止となっている。「幽霊自動車」の内容は、ヘッドライトだけの実体のない車が走っていると語る、酒場で会った青年とともに真相を探る万城目たちが、ある工場の閉じた門に車が吸い込まれる様子を目撃するといったものだった。

これは、いわゆる交通地獄を揶揄した作品であり、ラストで青年は幽霊自動車ではなく本物の車にはねられて死亡してしまう。ミステリーアンソロジーの要素が強かった『UNBALANCE』ならわかるが、怪獣路線へとシフトしたシリーズでの制作が見送られたのも仕方のないことだったといえよう。この『UNBALANCE』第1クール制作開始時に撮影予定だった作品としては中川晴之助監督担当の「地底からの挑戦」「怪鳥」、梶田興治監督担当の「206便消滅す」と北沢杏子が書いた「怪隣人」があるといわれ、「怪鳥」は「鳥を見た……」に改稿、「206便〜」

は『ウルトラＱ』名義の決定稿が2種作られて、制作にこぎつけている。この時期のＮＧプロットとしては、山田正弘の「豪華船ＳＯＳ」もある。山田の初期の制作作品としては「育てよ！ カメ」があるが、その準備稿の「タローの絵本」は山田自身が子供向けとして相応しくないとしてＮＧにしたいわくつきである。内容は車椅子の少年、太朗の物語だ。太朗は読んでいた絵本の中の亀とともに消えて、ある島の遊園地で少女とたのしく遊び、箱をもらう。だがそれは夢で、実際は誘拐されていた。そんな太朗の手に箱が現れ、開けてみると、煙から巨大な亀が出現。閉じ込められていた山荘を破壊して、誘拐犯を老人に変えるというものだった。

もうひとつ、この時期のＮＧ稿を挙げるとすると、金城の「空想都市」であろう。これは「1/8計画」の準備稿とも考えられる。そのストーリーは謎のゴンドラに乗った由利子たちが行きついたのは未来の世界で、そこで由利子は人口対策のための機械で縮小されてしまう。由利子はやってきた万城目の誘いを断り、その世界に留まることにし、やがて起こる縮小人間の反乱に加わるといったもので、ラストの場面が病院であり、由利子の夢オチであったというラストは「1/8計

画」と同じパターンとなっている。

その後もたくさんのプロットが企画文芸部をメインに制作されている。金城が「大蛸の逆襲」をリライトした、後に「南海の怒り」へと発展していく「老婆と大蛸」や自らの作品「五郎とゴロー」の続編である「ゴロー対スペースモンスター」を書き、上原正三は「化石は生きていた」「クラブトン襲来す」、山田が「氷原に燃ゆ」、山浦弘靖が「ケムラーの逆襲」などを提供したのを手始めに、「河童襲来」「スペースマーチ」「羅生門の鬼」「海から来た友達」「エイ旋風東京を襲う」「ゲロンガ出現す」「宇宙細菌作戦」「ヒトデーの夜と霧」などが、続々と作られていた。

その後さらに、プロット集「ウルトラQテーマの部分」にて、これらの案は整理または調整され、新たなプロットも加えてまとめられている。先のプロットで生き残ったのは「ヒトデーの夜と霧」「ケムラーの逆襲」「ゴロー対スペースモンスター」「エイ旋風東京を襲う」「海から来た友達」「生きていた化石」「氷原に燃ゆ」で、「生きていた化石」は後述する「化石の城」へと発展し、「氷原に燃ゆ」は「ペギラが来た！」として制作されることになる。「氷原に燃ゆ」は企画当時の南極越冬隊ブームを反映した作品で、時勢も制作エピソードの選定に影響を与えていたことが窺えて面白い。

このプロット集に新たに加えられたエピソード案には、「クラゲモンの襲来」「美女と大蛸」「ゲロンガ対山椒ラウス」「地震源ナマラー」「甲虫EX号を消滅せよ」「奇怪島探険」「さまよえる蛾」「ミミモンズ撃滅作戦」「M87星雲より！」「蝶になった少女」などがある。このなかの上原の「クラゲモンの襲来」は「Oil S.O.S」に発展、「美女と大蛸」は「老婆と大蛸」より「南海の怒り」に近い内容になっていた。ここで特筆したいのは、「ゲロンガ対山椒ラウス」である。このプロットには、たいへんなオマージュ作品が存在するのだ。『ウルトラマンマックス』の第29話として2006年に放送さ

れた「怪獣は何故現れるのか」がそれである。ゲロンガというネロンガによく似た怪獣が出現。それは1964年、テレビ映画『UNBALANCE』の撮影中に撮影クルーが遭遇した怪獣の成長した姿だったというもので、そのエピソードは「山椒ラウスの逆襲」とされている。その主演俳優の佐橋健児役で佐原健二が出演、西條康彦と桜井浩子も再び共演を果たし、『UNBALANCE』の監督役で満田稕も登場している。

第2クールが制作される頃になっても、結果論ではあるが時間をかけて制作された『ウルトラQ』にはいくつかの未使用脚本が存在している。そのひとつが上原が「Oil S.O.S」をもとに準備稿「SOS東京」を経て決定稿とした「Oil S.O.S」で、エイの怪獣クラブトンがオイルを狙ってタンカーを襲い、やがてオイルタンクに現れるといったエピソードで、1965年の5月に円谷一監督で撮影される予定だったが、ドラマ

容を知ったタイアップ先が縁起でもないと抗議、協力が得られなくなり、製油所ロケができないため制作中止となった。このクラブトンの操演用の造形物は、「宇宙指令M774」のボスタングに流用されている。

続いて未使用に終わったエピソードは、金城の「火星のバラ」だ。制作№は14で、18の「Oil S.O.S」よりナンバーが若いが、1965年9月に撮影予定だったと伝えられており、秋子という女性が庭に火星のバラの種を植えるとそのバラが異常生長、芽が家を取り囲んで秋子に襲いかかり、駆けつけた万城目たちも家に閉じ込められるという内容だった。野長瀬三摩地監督で準備が進んでいたが、制作予算がかかりすぎるという理由で、準備稿の段階でストップされている。

制作№19の「ガラダマの谷」は金城による「ガラダマ」の準備稿であるが、その内容は、別作品といえるほど違っている。このまま制作されれば、唯一の一平がメインのエピソードとなるはずであった。群馬県の弓ヶ沢で友人の清水、菊地と登山をする一平たちの近くに、突然ガラダマが落下してきた。無傷だった一平は救援を呼ぶために下山するが、その途中でガラダマから出現した龍に似た凶悪な顔の多角獣に遭遇する。全身から放電する多角獣から逃れた一平は捜索隊に加わった万城目たちと出会い、一度は山小屋に戻るが、仲間を救出するため□再び山へ登っていく。多角獣の正体は、半世紀前にもインド東部に□れたという肉食の宇宙怪獣だった。化石状になって、宇宙を放浪し□いる生物なのだ。なんとか友人を救った一平と万城目たちに迫る多□獣だったが、ダムのエネルギーを狙って堰堤を破壊したため、濁流□呑み込まれてしまう。以上がそのストーリーの要約だが、「ガラダマ」□改稿されたわけには、やはり予算の問題が挙げられるだろう。

制作№23の「化石の城」は「ゴーガの像」の準備稿だが、こちらもまっ□く決定稿とは違う内容で、その後の上原作品の特徴になる「親と子」□いうテーマが早くも押し出されている。登場する怪獣は中生代ジュ□紀の化石、アーム貝で、ゴーガと同じく殻頂をドリルのように回転させて地中を移動することができる。その内容は貝が好きな少女、タミの物語で、拾ってミミと名づけた貝の一部がサファイヤであり、さらにオパールを生成することから、貝を宝石商の黒原と欲深な母親のとしに奪われてしまうことになる。だが、

そのアーム貝が逃げ出して下水処理場の汚水の影響で巨大になってしまう。巨大なアーム貝と再会したタミは下水処理場を「ミミのお城」だといい、何も語らない。熱を欲するアーム貝が、富士山の近くに姿を現した。

このエピソードで凄いところは、母親のとしが、一切反省しないところ。タミは深く傷つくが、一人で立ち直り、少女らしさを取り戻す。だがそれはかつての純真さとは違うのかもしれない。経済成長のひずみ、公害問題、拝金主義、さまざまな問題を見据えながらもメルヘンの要素も内包する「化石の城」は、映像化されれば上原の『ウルトラQ』のベストワークになり得た作品である。

実相寺昭雄も、この時期に「万福寺百合」名義で「カネゴンの繭」と並行して制作される予定だった「キリがない」の準備稿2種と決定稿を提供している。これは海綿状の怪獣が水を果てしなく吸収していくというもので、新規で劇伴も録音されたが予算などの問題で1965年9月6日に見送られることが決定した。万福寺脚本はもう1本ある。「バクたる」である。こちらは夢をテーマにした物語で、後に実相寺はこれをベースにして『ウルトラマンティガ』の第40話「夢」を監督している。

第2クール制作時期は新たな方向性として、先述したゴロー対ガラモンの死闘を描いた「ゴロー対スペースモンスター」のような怪獣対決ものも企画されている。脚本が制作されたものは「パゴス対ギョオ」で、パゴスと魚型怪獣のバトルを描いた作品であり、パゴス対ピーターでいくという話もあったようだ。脚本は未確認だが、「東京大津波」という企画も存在したとされている。こちらはパゴス対ケムール人対ガラモンという豪華版で、実現すれば唯一の3大怪獣、宇宙人の対決となり、ぜひ観てみたかった一本である。

以上、駆け足であるが『ウルトラQ』において企画され、映像化に至らなかった作品を挙げてみた。いまさらながら初のシリーズにかけるスタッフ一同のエネルギーの激しさに脱帽の思いである。

ウルトラQ マーチャンダイジングの世界

『ウルトラQ』の制作当時、TBS管理部の岡崎潔は、膨大な制作費の回収のためにも商品化はぜひ必要と判断、円谷特技プロにマーチャンダイジング展開を提案した。その果実をご覧ください。

1947年に誕生した玩具メーカー、マルサン商店は、1958年に日本初のプラモデルを発売した会社で、当時は「プラモデル」という呼称の商標も取得していた。『ウルトラQ』の放送開始直後にライセンス契約をした同社は、それまでの男児向け玩具では考えられなかったソフトビニールを素材とした人形を考案、たちまち大ヒット商材に育て上げた。その開発ポリシーは、リアルさよりも親しみやすさ。色彩も、あえてソフトな色調が多く選ばれている。

マルサン商店 ソフトビニール玩具

『ウルトラQ』『ウルトラマン』放送時期に発売されたソフビ玩具は、350円で現在スタンダードと呼ばれる全高約23cmのものがメイン商材だった。『ウルトラQ』商品は、ここで紹介する7種類が発売されていた。

ナメゴン

不気味な怪獣、ナメゴンを2次発売のラインナップに強いて加えていたことは驚きである。形状的にも複雑で、製作コストの点でもバカにならないものを実現させる熱意こそが商品のヒットの原動力だろう。このナメゴンは、マルサンならではのアレンジがなされていて、意外とかわいらしいものに仕上がっており、現在でもファンが多い。目が折れやすいため、現在まで完全な姿で残っているものは、かなりの希少品といえる。

ゴメス

ゴメスはガラモンと並んで、1次発売。1期の濃紺の成型色の商品は、首、手足、尻尾が可動する、俗にいう「尾可動」。現在では超貴重品とされており、超高価である。※写真の商品は、2期のものである。

ゴロー

左のものは1次発売ラインナップの2期。茶色をメインとした彩色にされていたが、3期(右)になると派手な色、明るい色で構成されるようになった。

ペギラ

ソフビ玩具の色は通常はソフビ自体の色で、成型色と呼ばれる。部分に彩色を施すソフビ玩具の成型色の違いや彩色の微妙な差が、ソフビ玩具の魅力として認識されている。これは1期のペギラで、濃い青の成型色を茶でくるみ塗装されている。1期以降のものより大きい。

カネゴン

ナメゴンと同様に目が折れやすいため、取り扱いには注意が必要。「Q」月刊。

パゴス

『ウルトラQ』の人気怪獣で、2次発売のパゴス。実際の着ぐるみと同じく、のちに首がすげ替えられ『ウルトラマン』のネロンガ、ガボラにされた。これは1期。

ガラモン

1期のガラモンも濃緑色で、尻尾を含め全身可動だった。そのため、1期ガラモンも「尾可動」と呼ばれる。右はピグモンとしても発売された3期。

ブルマァク ミニサイズ

ゴメス　ペギラ

ガラモン　カネゴン

マルサン商店は、マルサン、マルザンと2度の商号変更後に倒産するが、1969年に元社員が設立したブルマァクがラインナップを引き継いだ。ブルマァクは、60円の全長9cmのミニ怪獣も開発。『Q』怪獣は、他にパゴスが発売されている。

マルサン商店 プラモデル

マルサンといえば、やはりプラモデル。周辺商材としてのプラカラー、プラボンド、プラシンナーも開発、「プラモデルと呼べるのはマルサンだけ」と喧伝されていた。

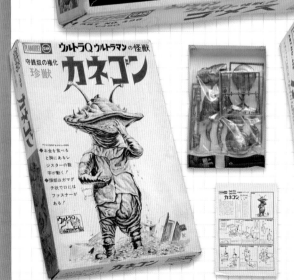

突如トンネル工事現場に現わる

ウルトラマン・ウルトラQの怪獣!!

ゴメス

* 古代埋葬地、胎生、肉食、ヤツガシラである・前肢は特に鋭く長い、後肢には水かきあり、体長10m、文キゲラ巨大、性質極めて凶暴

モーター歩行プラモデル

当初1966年4月に発表された『ウルトラQ』プラモデルのラインナップは2個セットで100円売りのものでゴメス、リトラ、ゴロー、ナメゴン、ペギラ、カネゴン、ガラモン、パゴスの計8種が予定されていた。しかし同年8月に実際に発売されたものは、モーター動力のゴメス(450円)で、当時の子供たちを驚かせた。現在と違い昭和40年代は、プラモデルであってもなんらかの動力で遊べることが必須で、そのあたりの事情が窺える。

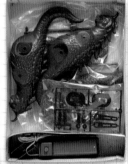

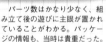

パーツ数はかなり少なく、組み立て後の遊びに主眼が置かれていることがわかる。パッケージの情報も、当時は貴重だった。

守銭奴の権化 珍獣

カネゴン

お金を食べると胸にあるレジスターの数字が動く!頭部はガマグチ状で口には大きなファスナーがある!

地球征服をはかるロボット怪獣!!

ウルトラQ・ウルトラマン怪獣シリーズ

ガラモン

ゴメスとゴローは450円だが、ガラン、パゴス、ペギトドラは650円。ネゴンは800円。

200

牛乳の好きな
GORO
ART. NO. 497
マルサンズデモデル

ウルトラマン
ウルトラQの怪獣
ゴロー

怪獣豆シリーズ・プラモデル

モーター動力より少しあとに発売されたのが、弟分ともいえる1個100円のシリーズだ。価格から類推するに、購買対象の年齢はモーター動力の商品のユーザーよりも低く設定されていたと考えられる。商品自体も胴体が2分割で、それに腕と尻尾をつけるだけというシンプルなもので、怪獣のフォルムもどちらかといえばソフビ人形に近い。

ステデル
ペギラ
ART. NO. 555

冷凍怪獣
ペギラ

ウルトラQ・ウルトラマンの怪獣
ゴメス
PLAMODEL

PLAMODEL
ゴロー
ウルトラQ ウルトラマン の怪獣

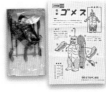

謎の氷原に住む
四次元の怪獣!!
ART NO. 553

ウルトラQ
ウルトラマン怪獣シリーズ
トドラ

ウルトラQ ウルトラマン の怪獣
ガラモン
PLAMODEL

ウルトラQ 冷凍怪獣
ペギラ
PLAMODEL

ガラモン

ペギラ

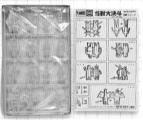

明らかに『ウルトラマン』時期の商品で、ウルトラマン対ゴメスというすごいイラストの商品。ウルトラマン以外は『ウルトラQ』怪獣なので、ここで紹介する。対象の年齢層はかなり低くされており、蛍光色で、収集家の間で「もなか」と呼ばれている簡単組み立てで、価格は100円とお得。

任天堂が、本来は玩具メーカーであることを思い出させてくれる、楽しいゲーム。プラスチックのコマが付属しており、コマを飛ばして遊ぶ趣向である。怪獣ものなので、一般のボードゲームより低年齢を意識。

音盤

日本コロムビア　1966年1月発行
「2020年の挑戦」のサントラドラマが収録されている。輪ゴムで、コマを飛ばすというおまけつき。

ビクター出版　1966年1月発行
「ガラモンの逆襲」のサントラドラマが収録されている。一部、内容が理解しやすいように新規録音されている。

勁文社
1966年1月発行

「ペギラが来た！」のサントラドラマを収録しており、ジャケットが12ページの絵本になっている。児童書も多数出版していた同社らしく、Ｂ５判で製作されている。おまけとして、福笑いをペギラコミックゲームと称してつけていた。

現代芸術社　1966年（発行月は不明）
現代フォノマンガ9と銘打たれ、「宇宙指令M774」のサントラドラマを収録している。レコードは、フォノシートと呼ばれた軟質ビニール製。

ビクター出版　1966年4月発行
「Ｑ」単独での、2度目の商品化。「海底原人ラゴン」のサントラドラマで、ナレーションは新規。ビクターは、『オバＱ』などとの主題歌混載盤も同年3月に発売している。

東芝レコード　1967年9月発行
「ペギラ東京をおそう」と題して、「東京氷河期」のサントラドラマを収録。

『ウルトラQ』のレコードは、音楽原盤の管理をＴＢＳの関連組織の日本音楽出版株式会社が行い、さまざまなメーカーが商品を発売。「大怪獣の歌」「ウルトラマーチ」にサントラドラマが基本。

絵本

『ウルトラQ』の単行本で最初に出版されたものは、小社の絵本である。現在でも出版され続けている「講談社のテレビ絵本」シリーズの一環として製作されていた。このシリーズは、いわゆる名作絵本や知育絵本とは異なり、子供にとっての娯楽を重視し、その題材をテレビ番組、劇場映画、玩具などに求めるシリーズである。

『でっぷり船長の冒険』『コグモの冒険』などが代表作の昭和20年代に活躍した漫画家・花野原芳明が作画を担当している。1957年に東映教育映画部が制作したアニメ映画『かっぱのぱあ太郎』の演出も担当、1970年代にも絵本などのイラストでいい仕事を残している。1966年の5月28日、6月28日、7月28日、8月28日に、パゴス、ゴメスとリトラ、スダール、逆襲ガラモンのエピソードを発刊した。

コミックス

コミックスをいち早く出版したのは、集英社だった。表紙は、現在もその緻密なイラストで著名な高荷義之で、迫力満点のイラストが少年たちの購買意欲を刺激してやまなかった。漫画は『ウルトラセブン』『ミラーマン』『ジャンボーグA』『帰ってきたウルトラマン』などの円谷プロ作品のコミカライズも多い中城健太郎（現、中城けんたろう）が担当していた。

出版されたのは、「集英社の少年ブック・コミックス」が計3冊。1966年6月20日に第一話「ゴメスを倒せ！」第二話「五郎とゴロー」収録の6月号、同年7月20日に第三話「206便消滅す」第四話「南海の怒り」収録の7月号、同年8月20日に第五話「クモ男爵」第六話「ガラダマ」収録の8月号が発売されている。どの号も、巻頭に漫画イラストによるシールや、はがき、ゲームなどの付録がついていた。各巻130円。

少年誌に見る
あの頃のウルトラQ

週刊少年マガジン
1965〜1967

『ウルトラQ』の視聴者層として想定されたのは、当然、児童層の男子である。小社の「週刊少年マガジン」と「ぼくら」は、番組をどう料理していたのだろう。

少年誌では最も早く、しかも大々的に『ウルトラQ』を紹介。濃密な記事を展開している。

1965年 53号

12月26日発行の号で、表紙とカラーグラビア2ページと11ページにわたる怪獣の紹介記事が掲載されている。番組開始前に、このボリュームである。後続の「週刊少年キング」に3ヵ月先んじた。

1966年 4号

「人気テレビ番組大行進」という企画のなかで、『ウルトラQ』に2ページが割かれている。リトラ、ペギラ、パゴス、ゴーガの超能力・戦力をわかりやすく見せる。出身地地図も掲載されている。

1966年 11号

3月20日発行で、怪獣ブームがピークを迎えつつある時期。東宝や大映の映画怪獣も含めて、14ページもの大特集。表紙がイラストであるところが、残念といえば残念なところ。

1966年 18号

5月8日発行なのに、もうピーターまでもが掲載されてしまっている。しかも、ダイナマイト・ジョーがけっこう似ている。それはさておき、この時期は速報性はもちろんだが、パノラマ的な記事も多く、誌面にいかにバラエティをもたせるかという当時の編集者の工夫が随所に感じられる。

1966年 24号

表紙に、現在では貴重なカラースチールを投入、この号の特集内容には一切関係ないのだが、『ウルトラQ』怪獣で読者の目を引いてしまえという作戦が、この時期の番組の勢いを感じさせる。これらのスチールのうち、M1号は現在残っていないので、正確な色調などは、この写真で確認できる。

怪獣ブームが最高潮の12月25日発行号は、表紙は『ウルトラマン』怪獣4体で構成されている。「'66年版ウルトラ怪獣事典」と銘打ってはいるが、内容は『ウルトラ』に限らず、この年に出現した怪獣を網羅するという企画。

1966年 51号

1967年 2号

『ウルトラマン』が大人気の時期だが、『ウルトラQ』怪獣の人気も、まだまだ冷めやらずといったところか。「怪獣アイディアゲーム盤」というお正月企画で、ガラモン、カネゴンなどが活躍。

1967年 11号

怪獣図解が花形企画として定着しつつある時期。製作会社を横断した5大怪獣（と妖怪）の体内図解を掲載。ガラモンが、メカになっている。

高山良策を冒頭から登場させ、怪獣の作り方を8ページ特集。カネゴンを実際に作った少年はいるのだろうか。

この時期は、マルサン商店の広告が、ちょくちょく載っている。『ウルトラQ』怪獣のソフトビニール人形が出揃い、プラモデルは発売前の時期。このゴジラのプラモデルの人気が、モーター動力のゴメスにつながる最大の要因かもしれない。

ぼくら 1965〜1967

当時の「ぼくら」編集者の富井道弘が惚れ込み、『ウルトラQ』の絵物語の連載を、なんと放送9ヵ月前から開始。

1965年 4月号

第2回目は、火星怪獣の出現。イラストの生々しさがなかなかいい。文章は、真樹日佐夫が担当している。

1965年 10月号

小社スタジオで撮影されたスチールで、表紙を作成。この号の編集時期である8月頃は、番組の放送開始は10月という空気もあった。編集部にとっても、放送開始が1966年1月になったことは、予想外だったはずだ。

1965年 3月号

登場人物紹介が、もう写真つきで行われているのは、驚き。当時の読者は、未知なる『ウルトラQ』に大きな期待をもったに違いない。だがこの人物紹介、なんだかあまり紹介になっていないような気が。

1965年 12月号

ついにテレビ放送の日時を、正式に宣言。もうパゴスのスチールがでかでかと使用されているのは、スゴイの一言だ。円谷特技プロの証紙は連載第9回からあるが、放送については「テレビ放映もちかづき」と、歯切れが悪い表現だった。

1966年 1月号

1966年 2月号

この号は、なぜかすさまじくオリジナリティ溢れる内容にシフトしており、巻頭のカラーピンナップと絵物語が、連動企画になっている。ピンナップの迫力あるイラストは、南村喬之。絵物語では火山研究所へ赴くのは万城目と由利子だ。2人は、いきなり富士山で空飛ぶ円盤に出くわしてしまうのだが、その円盤に乗っていたセミ人間がウルトラマン風に活躍。タケルの代わりは、なんとM1号。

ようやく「ウルトラQ」の放送が開始される月は、番組そのものを紹介する記事が掲載された。

1966年 3月号

絵物語の連載が、ついに2年目に突入。真樹日佐夫が構成と文章を担当したのはこの号までで、次回からSF作家の豊田有恒になる。

1966年 4月号

この号では、「バルンガ」の絵物語に続き、4ページの特集記事が掲載されている。さらに「とくだねニュース」は、いくらなんでも"とくだね"すぎます。なんと、『ベムラー』の企画が漏洩している。

1966年 5月号

少年がカネゴン化したのは、善意の宇宙人の仕業というオチになっている。ＳＦ作家らしい豊田のアレンジが光るエピソードである。

1966年 6月号

表紙は、なぜかガラモンのイラスト。そのカラーは、ソフトビニール人形を参考にしたように思われるが……。

1966年 7月号

ついに、最終回。ゴーガをもって、『ウルトラQ』の長期連載は終了する。次号からは『ウルトラマン』にシフトするが、絵物語ではなくなる。なお、6月号に、ウルトラマンイラストつきの予告が掲載。

1966年 10月号

「特集ウルトラマンのすべて」という企画の一環で、ガラモンを作るという記事。ほかには、「円谷プロのしくみ」という誇大としかいいようのない記事も掲載されていた。楽しいけど。

1966年12月号の大懸賞。この時期、マルサン商店は株式会社マルサンと商号を変更しており、プレゼント人数の大盤振る舞いといい、会社の伸長ぶりが感じられる。

1967年 9月号

4ページ企画の「ウルトラ怪獣名画報」を掲載。内容が『ウルトラQ』であるのは、7月6日からＴＢＳで、毎週木曜日の午後6時から再放送が始まったからだと推測される。再放送は、その後、北日本放送でも週1回で行われ、1969年になると九州朝日放送や日本テレビでも毎日、放送されている。

総天然色 ウルトラＱ
キャラクター大全 縮刷版

2021年7月16日　第1刷発行

講談社編

編集・構成・執筆	岩畠寿明（エープロダクション）
デザイン	ガナス
縮刷版デザイン	飯田真紀（Heliopolis Inc.）
監修	円谷プロダクション

発行者	鈴木章一
発行所	株式会社講談社
	〒112-8001　東京都文京区音羽2-12-21
電話	03-5395-4021（編集）
	03-5395-3625（販売）
	03-5395-3615（業務）

印刷所	共同印刷株式会社
製本所	大口製本印刷株式会社

© Kodansha　2021
© 円谷プロ
Printed in Japan

N.D.C.778　208p　20cm
ISBN978-4-06-524620-7

空想特撮シリーズ　ウルトラＱ

1966年1月2日～7月3日
（全27話、第28話は初回放送では未放送）
毎週日曜日午後7時放送　モノクロ30分
東京放送TV、毎日放送TVなど全国20局　提供／武田薬品
※第28話は、再放送にて1967年12月14日に初放送。
ただし、この際は第24話として放送されていた。
※1965年12月25日16：00～16：15『ウルトラＱは怪獣の世界』
放送前特番。出演は、晴乃チック・タックと怪獣たち。
スタッフ
監修／円谷英二　製作／渋沢 均（TBS）、栫井 巍（TBS）
原案／金城哲夫（第22話）、熊谷 健（第25話）、大伴昌司（第20話）
協力／日本SF作家クラブ（第4、12、22、25、27、28話）
本編
撮影／内海正治、長谷川 清、田島文雄　照明／小林和夫、後藤忠雄
美術／清水喜代志　音楽／宮内國郎　編集／兼子玲子、小畑長蔵、
　　氷見正久
助監督／満田 𣿓、吉高勝之　効果／沢田一郎、知久 長
録音・現像／キヌタ・ラボラトリー、藤縄正一
製作担当／成田 貴、守田康司、広岡常男、真木照夫
監督助手／鈴木俊継、大木淳吉、高橋五郎、東條昭平、山本正孝
撮影助手／石田友久、志賀那利、鈴木 清、斉藤正明、馬男木俊也、
　　古川丈夫
照明助手／小林和夫、小林哲也、根岸義朝、幸村寿明、椿 一夫
美術助手／加藤桂之介　記録／田中敦子　製作進行／熊谷 健
特殊技術
撮影／高野宏一　照明／堀江養助、小林哲也
操演／石井清四郎、倉方茂雄、沼里貞重、平鍋 功、中島徹郎、
　　深田達郎
特殊美術／井上泰幸、成田 亨、石井清四郎、岩崎致躬、渡辺 明
光学撮影／中野 稔　助監督／鈴木俊継　製作担当／奥村昌之
監督助手／長嶺朝之、高橋美光、大木淳吉、山本正孝
撮影助手／佐川和夫、鈴木 清、後藤武士、稲垣涌三、斎藤正則
照明助手／相田隆久、根岸義朝、小林哲也、浜崎俊夫、椿 一夫、
　　安藤正則、武田則夫、兵頭文造
特美助手／岩崎致躬、倉方茂雄、鈴木銈介
記録／鈴木（宍倉）徳子　造形／倉方茂雄、矢藤勝治
光撮助手／石塚 昇、野村尚宏、川名敏之　作画／黒田達雄、
　　平田佳子
怪獣造形／東宝特殊美術課、高山良策、佐々木 明

制作／TBS、円谷プロダクション